Heinrich von Delius

Untersuchungen und Nachrichten von den Gesundbrunnen und

Bädern

zu Kissingen und Boklet im Fürstentum Würzburg

Heinrich von Delius

Untersuchungen und Nachrichten von den Gesundbrunnen und Bädern
zu Kissingen und Boklet im Fürstentum Würzburg

ISBN/EAN: 9783743609662

Hergestellt in Europa, USA, Kanada, Australien, Japan

Cover: Foto ©ninafisch / pixelio.de

Manufactured and distributed by brebook publishing software
(www.brebook.com)

Heinrich von Delius

Untersuchungen und Nachrichten von den Gesundbrunnen und

Bädern

D. Heinrich Friederich Delius
Hochfürstl. Brandenburg Anspach und Culmbachischen Hof-
raths, der Arzneygelahrheit Prof. Primar. auf der Frie-
drich Alexandrinischen Universität zu Erlangen, der Rö-
misch Kaiserl. Akad. der Naturforscher Adiuncts, der Akad.
der Wissenschaften zu Montpellier und zu Rouen
Mitglieds,

Untersuchungen

und

Nachrichten

von den

Gesundbrunnen

und

Bädern

zu

Kißingen und Boklet

im Fürstenthum Würzburg.

·Erlangen
bey Wolfgang Walther. 1770.

CARD. DE POLIGNAC.
ANTI-LVCRET.

L. III. 10. L. IX. 26.

Scilicet haud fatis eft, riuos fpectare fluentes --
Fontem ipfum indagare iuuat, penitusque latentes
Rimari venas. --
Ilos iam Thefauros pelagi, et tot ditia gazis
Vifcera terrarum, vigili dum lampade luftras,
Artificem quantum felici haec omnia cernis
Effudiffe manu? -- Numenque fupremum
Singula profpiciens, intelligis; et Deus hic eft.

Untersuchungen und Nachrichten

von

den Gesundbrunnen
und Bädern
zu Kißingen und Boklet.

Einleitung.

§. 1.

Mit gutem Grunde legt man der
Arzneygelahrheit den Namen einer wohlthätigen Wissenschaft
bey. Und warum sollte sie es nicht seyn,
da sie sich verwendet, dem Menschen das
Leben angenehm zu machen? und die Be-
wirkung der Endzwecke unsers Daseyns mög-

lichst

lichst zu erleichtern. Da man einmal in
der traurigen Nothwendigkeit ist, Erfahrungen anzustellen, daß bey Krankheiten, von
verschiedenen Ursachen und Entstehungsar-
ten, auch das Leben verdrießlich wird, so
ist es zu natürlich, sich nach Mitteln zu seh-
nen, wodurch sowohl die Gesundheit, als
mit ihr eine Zufriedenheit, und eine gewisse
Leichtigkeit, sich seinen Geschäften, nach eines ieden eigenen Bestimmungen, zu unter-
ziehen, hergestellet werden kann. Die Mittel, welche wahre Aerzte, die Menschenfreun-
de sind, und sich von den schlechten Kün-
sten der Afterärzte entfernen, zu diesem Endzwecke kennen, sind, durch die Vorsicht, in
denen unermeßlichen Reichen der Natur verbreitet, und es ist ein Vorzug der Natur-
geschichte, daß die Aerzte einen Theil ihrer
Schätze, sowohl zum Vergnügen als Nutzen der Sterblichen, wenn diese einen recht
guten Willen haben, gesund zu seyn, und
von ihrer Seite auch den gehörigen Theil
dazu beytragen, verwenden können. Wenn
der Werth der Dinge, besonders aus dem
Nutzen und Vergnügen, welche sie verschaf-
fen, zu bestimmen ist, so wird auch der
Werth der Heilungsmittel so nach versi-
chert seyn, wenn sie, bey ihrem innern
Werth, auch zugleich angenehm sind.

Ein

Ein beståndiges Einerley erwecket Ueber-
druß, so wie beståndige Verånderungen auch
zu sehr zerstreuen, und einer Dauer entgegen sind.　So ist es auch mit den Mitteln, sich gesund zu erhalten, und Krankheiten verschiedener Art zu heilen.　In alle
Wege mússen hieben reelle, und iedem Um-
stande angemessene, Grúnde vorwalten, die
in der Hauptsache einerley seyn kónnen, die
Art aber, solche anzuwenden, kann verschieden seyn, ohne dadurch sich dem Verdacht
auszusetzen, man thue etwas, weil es Mode ist.

Unter die blossen Modecuren, gehórt
in der That der Gebrauch der Gesundbrunnen und Båder, wohl nicht.　Sie wúrden
sich, von undenklichen Zeiten her, bis ietzt,
nicht in ihren verdienten Ansehen erhalten
haben, weil nichts verånderlicher, als die
Mode ist.　Es ist gleichwohl ein Vorzug
bey ihnen, daß der Gebrauch derselben, dieses vortreflichen Geschenks der Vorsicht, sich
sowohl auf ihre reelle Bestandtheile, und,
unter gehóriger Anwendung, davon abhan-
gende Wirkungen in den Córper, als auch
auf mancherley, dabey zugleich erhalten-
de, Vortheile, grúndet.　Somit ist es
ein Beweis der Wohlthåtigkeit der Arzneygelahrheit, wenn, nach den Grúnden der-

sel-

selben, zu gewissen Zeiten, und nach der Art
der Krankheiten, die Anwendung der Gesundbrunnen, sowohl zum Trinken, als zum
Baden, verordnet wird, in so ferne solche
Verordnung, sowohl zum Nutzen als Vergnügen gereichet, und wenn man von der
Wohlthätigkeit der Arznengelahrheit rechten
Gebrauch machet. Und wie grosse Verbind-
lichkeit, werden Aerzte und Kranke gegen
die Beherrscher der Länder haben müssen,
welche diese Schätze der Natur, zu ihren
Vortheilen, eröfnen!

Die gesunden Quellen, in so vielen
Gegenden des Erdbodens, sind beynahe un-
zählbar. Jede kann in ihrer Art gut seyn,
und man ist allezeit verbunden, iedem das
seine zu lassen. Es ist aber auch der Sache
gemäs, gegen die Wohlthaten der Natur
nicht unerkenntlich zu seyn, vielmehr ist es
eine Pflicht, ieden Orts, die Schätze der
Natur in genauere Untersuchung zu ziehen,
ihre Vortheile, ohne gleichwohl etwas unnöthig zu outriren, zu bestimmen, und solche zum Wohl der Menschen zu verwenden.
Dieses scheinet um so nöthiger, und von
Zeit zu Zeit zu erneuern, zu seyn, als ein
Tag den andern lehret, auch wohl oft die
ältern Nachrichten von solchen Heilbrunnen
so beschaffen sind, daß sie nur gar zu wohl

wie-

wiederholte Untersuchungen, richtigere Bestimmungen ihrer Bestandtheile, und Wir-
kungsart, verstatten.

Dieses wird der Gegenstand einer kurzen, und möglichst faßlichen, Abhandlung,
und erneuerten Nachricht, seyn, da ich mich
über die Gesundbrunnen, und Bäder, zu
Kißingen und Boklet, nach von neuen geschehenen Untersuchungen derselben, nach
physicalischen und medicinischen Gründen,
vorzüglich für dieienigen, denen eine genauere Nachricht von diesen Wassern noch abge-
het, erklären werde; über Gesundbrunnen,
welche, ausser andern in unsern Frankenlan-
de sich ergebenden, vorzüglich merkwürdig
sind, und welche auch mit denen, so in aus-
wärtigen Gegenden sich einen ausgebreiteten
Ruf erworben, in gar gute Vergleichung
zu stellen sind.

§. 2.

Geschichte, und Lage, der Kis-
singer und Bokleter Gesund-
brunnen.

Kißingen, ist eine kleine, im Hoch-
stift Würzburg, sechs Meilen von dieser
Residenz, fünf Stunden von Schweinfurth,

A 3 ge-

gelegene Landstadt, nach dem so genannten
Rhöngebürge zu. Die um die Stadt gelegenen, und grösten Theils mit Waldun-
gen bewachsenen, Berge aber, sind von min-
derer Höhe, zwischen ihnen ist ein sehr
fruchtbares und breites Thal, durch dessen
Wiesen sich der fränkische Saalstrom
schlängelt, über welchen, ohnweit der Stadt,
sich eine lange massive Brücke findet; so wie
der übrige, aus einer röthlichten fruchtbaren
Erde best-hende, Grund, mit Kornfeldern,
und Gärten, und theils Weinbergen, an-
gebauet ist, welches zusammen vorzüglich das
Gewerbe der Bürger ausmachet, unter denen aber verschiedene, theils mit einiger
Drechslerarbeit, theils mit weben von leinen Damast, sich beschäftigen, sonsten aber
ihre Häuser möglichst zur Bequemlichkeit der
Brunnengäste einrichten. So wie auch in
der Stadt noch einige grössere Häuser, und
Höfe, für Curgäste von Distinction, befindlich sind.

Das Alterthum der hiesigen Gesundbrunnen, und die Zeit, wenn solche angefangen in Gebrauch gezogen zu werden, ist
zwar so genau nicht auszumachen; doch bezeugen die schon vormahls davon bekannt
gemachte Nachrichten, daß solche im sechs-
zehnten Jahrhundert bereits, sowohl zum
Trin-

Trinken als zum Baden, mit Nutzen gebraucht, und von vielen Fremden besucht
worden. Dieses bewog von Zeit zu Zeit
die glorwürdigsten Regenten dieses Landes,
alle Anstalten vorzukehren, damit sowohl
die Brunnen wohl gefaßt, und erhalten, und
es auch denen Curgästen an keiner Gemäch-
lichkeit fehlen möchte, wie denn vor dem untern Thore an der Landstraßen, längst ein
bequemes Curhaus erbauet worden, wo
sich die Curgäste, so in der Stadt logiren,
versammlen, auch bey etwa einfallender un-
bequemer Witterung das Wasser trinken,
daselbst speisen, und sich unterhalten, wo
auch nicht weniger in der untern Etage,
die zur Curzeit sich daselbst einfindenden
Kaufleute ihre Boutiquen aufschlagen, können. Dieses Curhaus, von welchen man
in die ganze Gegend, die zwar, dem gegenwärtigen Endzweck nach, nach einer physicalischen Chorographie, weitläuftiger dermalen nicht beschrieben werden kann, die schönste
Aussicht hat, ist dermalen von Sr. ietzt re-
gierenden hochfürstlichen Gnaden ungleich
mehr verschönert, mit zweyen neuen Flü-
geln, und mehreren Sälen, Zimmern, und
andern Bequemlichkeiten, versehen worden.

Diesem Curhause gerade gegen über findet sich der erste, oder so genannte ordinaire

A 4

re Trinkbrunnen, welcher in einem geräu-
migen gepflasterten Baßin, in welches man
auf etlichen Stufen gehet nicht allein wohl
gefaßt, sondern auch gegen fremde Wasser
noch besonders mit einer Ringmauer versehen ist. Das Wasser ist hell und klar,
setzt keine Ocher ab, quillet mit einem sanf-
ten Geräusch, und Aufwerfen vieler Blasen, aus einem felsigten Grunde, und hat
einen frischen, die Zunge mit einer angenehmen Schärfe rührenden, Geschmack, welcher aber, so wie bey den übrigen Wassern,
wenn ein Glas voll davon eine Stunde in
freyer Luft gestanden, etwas vergehet, in
wohl vermachten Krügen aber sich sehr lange gut erhält.

Gleich bey diesen Brunnen fangen sich
verschiedene wohl erhaltene, und auch mit
grünen Wasenstücken durchschnittene Alleen
von vielen Reihen Linden, Castanienbäu-
men, und Embuscaden, an, welche einem wohl
angelegten Garten gleichen, zu den schön-
sten, und gegen die Sonnenhitze deckenden,
Spaziergängen dienen, und, über den
Weg zur Saalbrücke, zu dem zweyten, auf
eben die angezeigte Art wohl eingerichteten,
Curplatz führen, an dessen Ende man zu
zwey andern Brunnen gelanget, die ebenfalls in einem grossen Baßin, in welches
man

man auf etlichen Stufen niedersteiget, befindlich sind, an dessen Eingange man sogleich den ältern, oder sogenannten scharfen Badbrunnen antrift, welcher ebenfalls in seiner, mit einem steinernen Kranz gefaßten, und mit einem eisernen Gitter verwahrten klaren Quelle, viele Blasen wirft, und eine röthliche Ocher ablegt, an Geschmack aber bitterer, und salzigter, als der angezeigte Trinkbrunnen, ist.

Wenige Schritte von diesem, entspringet der neue Curbrunnen. Dieser wurde in dem dicht vorbey fliessenden Saalfluß entdecket, als man die Alleen zu erweitern, und den Babbrunnen, für das zuweilen übergegangene Saalwasser, zu verwahren, den rühmlichen Bedacht nahm. Es wurde daher der Saalfluß selbst noch mehr abgeleitet, dieser neue Brunnen besonders mit einem steinernen Kranz gefaßt, und mit dem ältern in ein geräumiges, maßives, und auf den Boden mit steinernen Platten beelegtes Baßin gebracht, wodurch auch das ablaufende Brunnenwasser, vermittelst eines besondern Abzugs, in dem sich gleichwohl noch einige besondere Quellen finden, in die Saal geleitet wird.

Wenn man aus dem obern Thore von Kißingen sich begiebt, so gelanget man, in

einer halben Stunde, an die alte und neue
Saline, deren Bauart, und Gewinnung
des Kochsalzes, durch angelegte Kunstwer-
ke, Gradirhäuser, Siede = und Sogpfan-
nen, und besonders die Quelle der Sole
zur neuen Saline, die von 6. zu 6. oder
7. Minuten, in einem tiefen Schacht mit einem angenehmen Geräusch, in einen fortge-
henden doch gleichsam Ebbe und Fluth vor-
stellenden, Sprudeln, steigt und fällt, sehr
merkwürdig ist. Diese neue Saline hat
ein sehr schönes Ansehen, und die Einrich-
tungen bey derselben, werden täglich vermehret, wie denn auch Sr. Hochfürstl.
Gnaden jährlich daselbst einige Zeit der
Landluft zu geniessen, auch, so wie in einem
oder andern der nahe gelegenen Lustschlös-
ser, sich der Cur zu bedienen, in den wohl aptirten Zimmern auf der Saline zu wohnen,
daselbst die Curgäste von Distinction zuweilen zu unterhalten, und auch die übrige
Versammlung zu Kißingen im Curhause,
und im Curgarten, mit Ihro Gegenwart
huldreichst zu erfreuen pflegen. Wenn man
den, vom Gebürge her, und durch den angenehmen Grund sanft fliessenden Saalfluß,
durch verschiedene Dörfer, hinaufgehet, so
kommt man, nach zwo kleinen Stunden, auf
eine sehr angenehme, und in einiger Entfernung von Bergen umfangene, grosse Wie-
se,

se, welche an das Dorf Boflet, so eine
Viertelstunde von dem Ort, und Ober-
amtssitz, Aichach gelegen, stößet. An deren
Ende hat sich schon in den ältern Zeiten ein
Gesundbrunnen gefunden, der aber bey lang-
wierigen Kriegen in Verfall gerathen, bis
solcher vor funfzig Jahren von neuem entdecket, dessen vortrefliche Heilkräfte beobach-
tet, und daher der Bedacht genommen worden, solchen wieder aufzuräumen, und schö-
ner herzustellen. Es wurde daher ein breites, mit einem steinernen Boden, und Stufen, auch einem besondern Geländer, versehenes Baßin angeleget, und in dessen Mitte der Gesundbrunnen mit einem marmor-
nen Kranz gefasset. An den Wänden des
Geländers siehet man zwey im Stein ge-
hauene Monumente, welche von der landes-
väterlichen Vorsorge, für die Einrichtung
dieses Brunnens zeigen. Gleich neben dem
Brunnen ist ein wohlgebautes, und mit verschiedenen Zimmern versehenes, Brunnen-
haus aufgeführet. Das Wasser, welches
hell, mit einem angenehmen Geräusch, und
Aufwerfung vieler Blasen, auch Verbrei-
tung eines feinen Dunstes, hervorquillet, hat
einen vortreflichen erfrischenden, und die
Zunge reitzenden, zuletzt aber etwas Dinten-
artigen, Geschmack. An den Wänden der
Fassung, und bey dem Ablauf in die
Saal-

Saal, legt es viele, blaß gelblichte, Ocher
ab.

Diese sämtliche, beständig in gleicher,
und reichlichen, Maaße quellenden, und nie-
mals frierenden, Brunnen, werden stets in
gutem Stande erhalten, und sämtlich im
Frühjahr von allen sich im Winter etwa
ergebenden fremden Wassern, und erdigten
Theilen, durch die dazu bestellten Aufseher
und Brunnenmeister, gesäubert, und ist
auch die Veranstaltung getroffen, daß sowohl
das Kißinger ordinaire Wasser, als besonders das Bokleter, in wohl bouchirten
gläsernen Flaschen, auch Krügen, in welchen beyden sich diese Wasser Jahre
lang halten, zumahl wenn solche im Keller
auf Holz gestellet werden, versendet, letzteres auch in der Curzeit; welche schon in
den May, und Junius, am meisten aber
in die Monate Julius und August fällt,
täglich frisch nach Kißingen gebracht wird.

Ausser diesen Gesundbrunnen, finden
sich in dieser Gegend noch verschiedene sowohl Salzquellen, als andere mineralische
Wasser, wie die ohnweit des nahen Dor-
fes Klein Brag, davon die Untersuchungen und Nachrichten dermahlen auf sich be-
ruhen.

§. 3.

§. 3.

Untersuchung des Gehalts, und der Bestandtheile, der sämtlichen angezeigten Gesundbrunnen.

Die meisten Hülfsmittel haben wohl zuerst ihre Anwendung der Erfahrung, und der Beobachtung ihrer Wirkungen, zu Herstellung der Gesundheit, zu danken. Es ist aber dem menschlichem Verstande zu natürlich, die Gründe aufzusuchen, wie nach solche Wirkungen entstehen können. Da die Gesundbrunnen, überhaupt unter die vortreflichsten Heilungsmittel gehören, und sich, auch durch ihre äusere Merkmahle, von den gemeinen Wassern unterscheiden, so müssen in ihnen besondere Theile befindlich seyn, durch welche die Veränderungen im menschlichen Körper wirklich werden. Diese Theile hat man nun schon lange gesucht zu bestimmen. Es würde zu weitläuftig seyn, hier auszuführen, was man von Zeit zu Zeit, für verschiedene Wege, zu dieser Bestimmung zu gelangen, erwählet, ob auch diese Wege allemahl die rechten, und die davon gegebenen, und auch oft compilirten, Nachrichten getreu, und sicher gewesen, ob nicht manches ohne hinlänglichen Grund, und auch gewisse Dinge allein, als nur al-

lein

lein nützlich, und als wahre Beſtandtheile,
angenommen worden, welche auch durch das
oft verändernde Feuer, und ſonſtige Bearbeitungen, erſt mehr entſtanden, und die einfachen Theile zu ſehr verändert, zu ſeyn
ſcheinen, und ob man ſowohl die Beſtandtheile in ihrer einfachen, als nachmahls in
ihrer zuſammengeſetzten Geſtalt, ihrem Weſen und Namen nach, gehörig angegeben;
ob nicht einige nur das ihrige geſchätzt, und
das andere, nicht allezeit mit Billigkeit, ver-
worfen? u. ſ. w.   Wir wollen uns bemühen, die Beſtandtheile und Miſchung unſe-
rer Waſſer, möglichſt ins klare zu ſetzen,
und was ſich, bey ihren von neuen angeſtellten Unterſuchungen ergeben, ſo denn was
man aus den Unterſuchungen ſchlieſſen, und
vergleichen, könne, anzeigen.

§. 4.

Vom Kißinger ordinairen Trinkbrunnen.

1. Wenn man an der Quelle ein Glas
voll reines Waſſer ſchöpfet, ſo ſiehet man
in dem Glaſe, ſo wie auch in einem,
aus einem wohl vermachten Kruge einge-
ſchenkten, eine Menge kleine unter einander
gehende Bläsgen.   Dieſe werden in einer
mä-

mäßigen warmen luft bald grösser, und hän-
gen sich häufig an die Seiten des Glases.
Das bey sämtlichen Wassern gebrauchte hydrostatische Instrument, fiel in einem Glase
von diesem frisch geschöpften Wasser, bis
auf den 7. Grad. Nachdem aber das Glas
Wasser mit dem Instrument einer nur mäs-
sig warmen luft ausgesetzet wurde, hingen
sich, unter andern, sehr bald an die Kugel
des Instruments eine Menge Perlen artiger
Blasen, wodurch das Instrument, bis auf
den 6. 5. 4. 3. Grad gehoben wurde.

2. Eine gefüllte und wohl bouchirte
gläserne Flasche gab nachmahls, wenn bey
deren Eröfnung etwas Wasser ausgegossen,
und das übrige bey Zuhaltung der Oefnung,
geschüttelt wurde, mit einem besondern Ge-
töse, einen Dampf von sich, der auch, dem
Geruch nach, empfindlich war.

3. Der blaue Violen Syrup, wird von
diesem Wasser grasgrün.

4. Auf gestossene Galläpfel gegossen,
wird das Wasser nicht viel mehr als hell-
braun.

5. Von eingetröpfelten Vitriolöl entstehen, mit einiger Effervescenz, viele Bläsgen, welches auch von dem Salpeter und
Salzgeist, iedoch in geringerer Maasse, zum
Theil auch von der Auflösung des Alauns,
ingleichen vom Citronensaft, geschiehet.

6. Mit-

6. Mit gleichen Theilen von Rhein und Franken Wein entstehet ebenfalls eine Efferveſcenz, viele perlende Bläsgen, und, von dieſer Miſchung, ein ſehr angenehmer Geſchmack.

7. Von eingetröpfelten gefloſſenen Wein- ſteinöl wird das Waſſer opalfärbigt, nach unten zu milchicht, etwas ſtärker von dem Salmiakgeiſt: am ſtärkſten aber

8. Von der Silberſolution.

9. Friſche Milch gerinnt von dem Waſſer gar nicht, und wird vielmehr von demſelben verdünnet.

10. Ein Pfund Waſſer, in einem glä- ſernen Geſchirr, auf einer Sandcapelle ge- linde evaporiret, verdunſtet, unter allen un- terſuchten Waſſern, am geſchwindeſten, be- kommt auf der Oberfläche einen Cremor, oder erdigte, etwas glänzende, Haut, und läßt, nach gänzlicher Verdünſtung, bey 64. Gran weislichten Bodenſatzes zurück.

11. Von dieſem Bodenſatz löſen ſich in deſtillirten Waſſer 46. Gran Salz auf, 18. Gran Erde aber bleiben unaufgelöſet. Die- ſe Erde ſowohl, als der Cremor, brauſen mit den Säuren.

12. Ein Tropfen von dem aufgelöſeten Salz, auf einem reinen Schiebergläsgen ge- linde verdunſtet, zeiget ſogleich, unter dem Microſcop, gröſſere und kleinere cubiſche, einige

ge spießigte, theils rhomboidalische, auch eini=
ge irregulaire, Crystallen, welche sämtlich
sich auch in dem durch die Wärme etwas
concentrirten, und verdunsteten, Wasser, un=
ter dem Microscop, ergeben. So wie eben
diese Crystallen, in der Kälte, in der zur
Crystallisation bereiteten, und filtrirten, Auf=
lösung des Sediments erscheinen.

13. Von dem auf das Sediment ge=
tröpfelten Vitriolöl entstehet ein starkes
Brausen, und zugleich verbreitet sich ein
feiner durchdringender saurer Dampf. An=
dere Säuren machen auch eine Effervescenz,
ohne iedoch dergleichen Dampf besonders zu
verbreiten.

14. Die Auflösung des Sediments
verhält sich, in Absicht auf das Wasser selbst,
gegen die angezeigten Reagentien, nur viel
merklicher.

15. Von der Auflösung des sublimir=
ten Quecksilbers entstehet eine weisse Farbe.

§. 5.

Vom Kißinger neuen oder
Curbrunnen.

1. In einem frisch aus der Quelle ge=
schöpften Glase, in welchem sich kleine her=

B   um=

rumfahrende Bläsgen zeigen, sinket das hy-
brostatische Instrument bis auf 5. Grad.

2. Der Violensaft wird von dem Wasser dunkelgrün.

3. Das Galläpfel Pulver färbt das
Wasser zuerst rothbräunlicht, nachhero aber
schwärzlicht. Von zerriebenen Granatblüthen wird es dunkelbraun.

4. Mit dem Vitriolöl entstehet eine Effervescenz, so wie von den Salpeter und
Kochsalz Säuren ingleichen dem Wein und
und Citronensaft, auch feine Bläsgen, so
wie auch einige von aufgelöseten Alaun, der,
wie auch das aufgelösete Queckfilber Subli-
mat, das Wasser etwas milchicht macht.

5. Die Silbersolution macht das Wasser ganz milchicht, und wird gerinnend.

6. Von dem geflossenen Weinsteinöl,
wird das Wasser ebenfalls weiß, und bekommt einen feinen weissen Bodensatz, so wie
sich auch eine feine erbigte Rinde an das
Glas legt. Dieses ergiebt sich auch von
dem Salmiakgeist.

7. Bey der Evaporation entstehet ei-
ne erbigte, etwas glänzende, blätterichte Haut,
welche sich, wie in sämtlichen Wassern, wenn
sie einmal vorsichtig weggenommen, oder
auf den Boden gebracht worden, auf der
Oberfläche, nicht auf die Art wieder generi-
ret.

8. Ein

8. Ein Pfund evaporirtes Waſſer läſſet bey 80. Gran gelbliches Sediment zuruck.

9. Von einem in beſtillirten Waſſer
aufgelöſeten Quentgen des Sediments bleiben 10. bis 12. Gran gelblichter, mit den
Säuren brauſenden, Erde, auf den Boden
liegen.

10. Das aufgelöſte Salz, zeiget unter
dem Microſcop, und bey gehöriger Cryſtalliſation, am meiſten cubiſche, theils länglicht viereckte, theils auch rautenförmige,
und auch einige irregulaire Cryſtallen, die
ſämtlich, vom Vitriolöl, vielen ſauren Dunſt
verbreiten.

11. Der Cremor löſet ſich im Salpetergeiſt mit einem Geräuſch auf. Dieſe Solution cryſtalliſiret ſich zwar in ſpießigte und
cubiſche Cryſtallen, die auch auf Kohlen de-
toniren, in der Luft aber bald wieder flüſ-
ſig werden. Der Cremor ſämtlicher Waſſer wird von der Solution des Queckſilber-
ſublimats nicht gelb, alsdenn aber, wenn
ſolcher geglüet worden, zeiget ſich von dieſer Queckſilberſolution eine gelblichte Farbe.

12. Die ſowohl für ſich, als mit reinen Waſſer ausgelaugete und getrocknete
Ocher, in einen reinen Tiegel, im Feuer geglüet, bekommt durchaus eine höhere rothe
Farbe, und wird alsdenn beynahe ganz vom

B 2 Mag-

Magnet angezogen, welches abɛr von der
blos getrockneten nicht geschiehet, auch ziehet der Magnet von dem ausgelaugten Sediment, so die evaporirten Waſſer zuruck laſſen, auch wenn es geglüet wird, wenig oder
nichts an. Durch das Auftröpfeln des Vitriolöls auf die unausgelaugte, und für ſich
getrocknete, Ocher, wallet dieſe auf, und es
entſtehet ein ſcharfer, ſaurer, aufſteigender
Dunſt.

§. 6.

Vom Kißinger Badbrunnen.

Da der Erfolg der mit dieſem Waſſer
angeſtellten Verſuche mit denen im vorher-
gehenden §. 5. angezeigten bey nahe einerley geweſen, ſo wird es unnöthig ſeyn, ſolche zu wiederholen. Das möchte noch an-
zufügen ſeyn, daß bey der Evaporation ſich
einige wenige Grane Bodenſatz mehr, ſo
nach deſſen bey 84. Gran, aus einem Pfunde Waſſer, ergeben, ſo wie, nach von
neuen geſchehener Auflöſung von einem
Quentgen des Sediments, 11. Gran gelblichte erdigte Maſſe geſchieden worden. Das
hydroſtatiſche Inſtrument ſank auf 4. Grade. Bey der von neuen geſchehenen Evaporation des von dem Sediment ausgelaugten Salzes beyder Brunnen, ſtieg eine ſali-
niſche

nische Masse am innern Rande des Glases
in die Höhe. Diese gab durch das Reiben
mit geflossenen Weinsteinsalz einigen flüchtigen Geruch. Bey den folgenden Crystalli-
sationen, ergaben sich mehr grössere und
kleinere, cubische, einige rhomboidalische, oder
rautenartige, auch einige länglichte viereckte
Crystallen, endlich aber einige von unbe-
stimmter Figur.

§. 7.
Vom Bokleter Gesundbrunnen.

1. Das hydrostatische Instrument sank
in einem Glase Wasser bis auf 9. Grade.
Wenn aber dieses Glas eine halbe Stunde in mäßig warmer Luft stehen blieb, wurden
die bey dem Schöpfen des Wassers schon
perlenden Bläsgen grösser, setzten sich vorzüglich an die Kugel des gläsernen Instruments, und hoben dasselbe wieder bis auf
den ersten, oder untersten, Grad aus dem
Wasser. Unter der Glocke der Luftpumpe stei-
gen diese Blasen auch, bey den ersten Zügen,
so fort häufig auf.

2. Eine mit Wasser, bis auf ein drittel derselben, gefüllte gläserne, und so gleich
verstopfte, Flasche, wurde etlichemal, bey,
mit dem Finger zugehaltener Oefnung, stark
umgeschüttelt, da denn bey schnell wegge-
thanenem Finger sich ein besonderer Schall,
und sichtbarer Dampf, erzeugte, das Was-

B 3 ser

ser selbst weit umher sprüzte, das ausgegossene aber mit vielen unter einander gehenden, auch herausspritzenden, Bläsgen perlte. Auch ergiebt sich noch das nemliche, bey den vor einiger Zeit gefüllten, und versendeten, Bouteillen.

3. Durch die Vermischung des Wassers mit dem blauen Violensyrup entstehet eine grasgrüne Farbe.

4. Auf das Galläpfel Pulver gegossen, erhält das Wasser eine Purpur Farbe, wird darauf dunkler, und denn schwarz. Etwas ähnliches ergiebt sich mit dem Pulver getrockneter Granatblüthen. So wie auch die Korkstöpfel der mit diesen Wasser gefüllten Krüge schwärzlicht werden.

5. Von dem eingetröpfelten Vitriolöl entstehen, mit einer Effervescenz, viele Bläsgen, dergleichen sich auch, obgleich etwas feiner, von der Salpeter, und Kochsalz Säure, ohne daß das Wasser trübe wird, ergeben. Auch entstehet einiges Aufwallen mit der Citronensäure, und der Auflösung des Alauns, von welcher letztern das Wasser etwas weniges milchicht wird. Mit Wein perlt das Wasser vortreflich, und bekommt einen sehr angenehmen Geschmack. Wenn etwas gestossener Zucker hinzugethan wird, erzeugt sich ein sichtbarer Dampf, ein

Schaum

Schaum, und man glaubt fast Champagner zu trinken.

6. Von dem eingetröpfelten geflossenen Weinsteinsalz wird das Wasser nur wenig milchicht, und nachmahls meistens wieder hell. Von dem Salmiakgeist leidet es wenige Veränderung.

7. Von der Silbersolution wird das Wasser gleich milchicht, und der nachmahls sich ergebende Niederschlag fällt ins blaulichte.

8. Die Milch wird von diesem Wasser, so wenig als von einem andern der angezeigten, coaguliret, und vielmehr verdünnet.

9. Kaltes Bokleter Wasser auf grobe gerändelte Gersten gegossen, erhält nach kurzer Zeit eine blaulichte, sich ins schwarze neigende, Farbe.

10. Wenn zuweilen der Brunnen, um die Fassung desselben herzustellen, oder von der Ocher zu säubern, ausgepumpt worden, haben die Arbeiter im Grunde, einen scharfen erstickenden Dunst wahrgenommen, welcher, so wie das Wasser wieder von der Quelle gestiegen, sich vermindert; doch wird, bey warmen Wetter, auf der Oberfläche des Wassers auch schon ein feiner erfrischender Dunst gespühret.

B 4   11. Bey

11. Bey der, auf einer Sandcapelle geschehenden, Evaporation erscheint auf der
Oberfläche des Wassers eine feine weisse erdigte, theils etwas blätterichte, theils klein
spießigte, Haut, welche mit aller Säure
brauset von der Solution des Quecksilber-
sublimats aber keine Veränderung leidet,
und nur alsdenn etwas davon gelblicht wird,
wenn sie vorher geglüet worden.

12. Ein Pfund verdunstetes Wasser,
läßt zwanzig Gran gelblichtes, dichtes, Sediment zurück. Von diesem Sediment lö-
sen sich in destillirten Wasser 11. Grad Salz
auf, und 9. Grade blaß gelblichter, nachmahls mit den Säuren brausenden, Erde,
bleiben unaufgelöset. Wenn diese ausgelaugte Erde vor sich geglüet wird, wird sie,
nach einiger Spur eines geschehenden Ver-
brennens einer entzündbaren Materie, grau,
ohne dem Maaner zu folgen.

13. Von dem auf das Sediment ge-
tröpfelten Vitriolöl steiget, mit einem Brausen, ein feiner flüchtiger saurer Dunst auf.
Von dem auf die getrocknete Ocher, so wie
solche der Brunnen von selbst ablegt, getrö-
pfelten Vitriolöl aber, entstehet, bey dem
Aufwallen ein Geruch, der dem, welcher sich
bey dem Niederschlagen eines Schwefels ergiebt, nahe kommt.

14. Ein

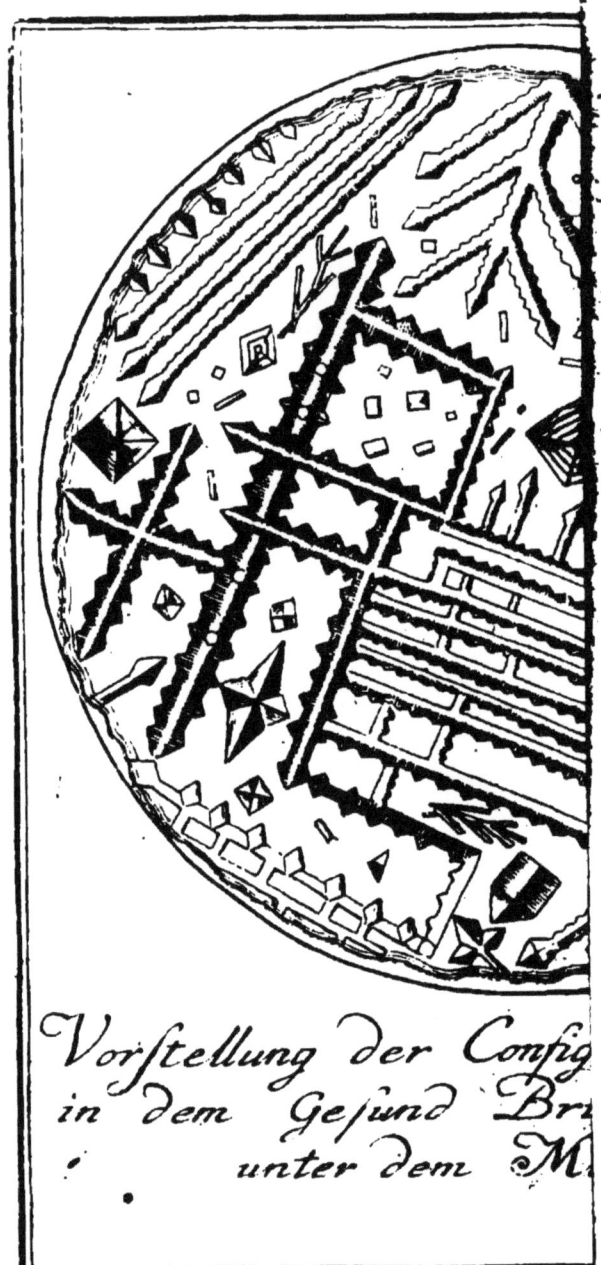

Vorstellung der Config

in dem Gesund Br

unter dem M

14. Ein Tropfen des aufgelöſeten Salꞔ
ꞔes zeiget unter dem Microſcop, die ſchön‑
ſte, von den bisher angezeigten Salzen
verſchiebene, und in der beygefügten Ku‑
pfertafel vorgeſtellte, Configuration. Die
meiſten Cryſtallen ſind gerade Linien, die ſich
auch Gitterförmig bilden, und ſowohl an
ihren Enden, als an den Seiten Aeſten,
welche nach rechten, zum Theil ſpitzigen,
Winkeln ausſchieſſen, auch rhomboidaliſche
Spitzen, und theils Parallelopipeda, und
ſehr ſchöne Creutzfiguren, zeigen. So dann
entdecket man, eben ſolche, auch länglicht
viereckte, einzelne Cryſtallen, die auch an ei‑
nigen Stellen ſich vereinigen, und Aeſte
bilden. Endlich ſiehet man auch cubiſche
und pyramidaliſche, und einige einzele, Cry‑
ſtallen, von unbeſtimmter Figur. Dieſe Cry‑
ſtallen, ergeben ſich auch in gröſſerer Form
bey der gewöhnlichen Cryſtalliſation, da ſich
bey der Abdünſtung auf der Oberfläche eine
feine, und mit bunten Farben ſpielende,
Haut zeiget.

15. Wenn auf gefeiltes Ducatengold
gefälltes Scheidewaſſer getröpfelt, und etwas
von dieſem Salz hinzugethan wird, ſo ent‑
ſtehet einige Efferveſcenz, und fällt einiger
weiſſer Bodenſatz, das Gold wird aber ſo
fort angegriffen, und, mit ſeiner gewöhnli‑

B 5 chen

chen gelben Farbe, aufgelöſet. Dieſe Gold-
ſolution macht, nach der ihr eigenen Art,
auf der Haut, nach einigen Stunden, die
ſchönſte, und daurende, Purpurfarbe. Feines Silber aber, wird von dieſem Königswaſſer gar nicht angegriffen, und erhält,
nach der Verdünſtung, nur eine etwas
ſchwärzlichte Farbe.

10. Wenn die getrocknete Ocher, welche das Waſſer von ſelbſt am Brunnen ablegt, ohne Zuſatz, in einer gläſernen Retorte, bey von Zeit zu Zeit verſtärkten Gra-
den des Feuers, getrieben wird, ſo erhält
man in der Vorlage noch etwas eines em-
pyreumatiſchen Waſſers, welches den Violen-
ſaft grün färbt, die Solution des Queckſil-
ber Sublimats weis präcipitiret, und mit
den Säuren brauſet. Im Halſe der Retorte
ſublimiret ſich ein gelblichtes bituminöſes
zähes Weſen, nicht weniger, auch im Bauch
der Retorte, einige weiſſe ſalzichte Theile,
ſo auch mit den Säuren brauſen, mit der
Vitriolſäure ein Glauber Salz, mit der
Salpeterſäure einen auf Kohlen detoniren-
den, beynahe cubiſchen, Salpeter machen.
Die Ocher wird in der Retorte ganz ſchwarz,
und vom Magnet, alsdenn ziemlich angezogen. Dieſes Anziehen vom Magnet, erfolget aber ſtärker, wenn dieſe ſchwarze Ocher,

in

in einem Tiegel geglüet wird, wo sie denn
an Farbe als ein Eisenrost wird. Wenn
aber die, ausgelaugte, und unausgelaugte,
Ocher, die vor sich der Magnet nicht an-
ziehet, in einem bedeckten Tiegel im Feuer
geglüet wird, so wird ihre Farbe oben her,
bis auf die Mitte des Tiegels, auch dem
Eisenrost ähnlich, die untere Masse aber blei-
bet schwarz, welches von den andern angezeigten Kißingischen Ochern nicht geschiehet.
Beyde Massen, werden von dem Magnet,
doch die röthere stärker, angezogen. Die
schwarze Masse wird, von neuem geglüet,
nun auch mit der obern von einerley Farbe.
Bey dem Glüen verbreitet sich eine feine
blauligte, doch nicht sehr stark riechende,
Flamme. Zwey Quentchen trockne Ocher
verliehren, bey einem viertelstündigen Glü-
en, noch bey vier und zwanzig Gran von
ihrem Gewicht.

17. Ich habe von der getrockneten
Ocher, und trockenem Weinsteinsalze, glei-
che Theile gerieben, und über eine Stunde
in einem bedeckten Tiegel, in starken Feuer
geglüet. Die Masse kam nicht ganz zum
Fluß, wurde nur etwas zähe, graulich, und
oben her gelblicht. Zehn Quentgen ver-
mischte Masse hatten vier Quentgen am Gewicht verlohren. Die verschlakte Masse
wur-

wurde in heiſſen Waſſer umgerühret, filtriret, und in dieſe, wie eine Schwefel Leber
ſchmeckende, und riechende, ſehr ſcharfe, roth-
gelbe Lauge, eine Medaille von feinen
Silber gethan, welche ſofort gelbröthlicht,
und nachmahls dunkelbraun, wurde. Die
von der Filtration überbleibende Erde war
grau, und wurde, ſo wohl vor ſich getrocknet, als von neuen geglüet, nicht mehr vom
Magnet angezogen, wohl aber im Salpetergeiſt, mit einer Efferveſcenz aufgelöſet, und
rothgelblicht. Die Lauge von der verſchlak-
ten Maſſe, wurde vom Salpetergeiſt, mit
einem Brauſen, blasgelblicht präcipitiret.
In derſelben erzeugten ſich, auf dem Boden
wahre Salpetercryſtallen, an dem Rande
des Glaſes aber, ſublimirte ſich, nach etlichen Tagen, und bey blos in warmer Luft
verdunſteten Feuchtigkeit, ein feines wollig-
tes Salz, welches mit der Säure nicht
brauſete, mit dem gefloſſenen Weinſteinſalz
eine Orangenfarbe machte, und einen ſchwa-
chen flüchtigen Geruch verurſachte: welches
ferner auf Kohlen auch detonirte, aber,
in deſtillirten Waſſer aufgelöſet, unter dem
Microſcop, auſſer einigen ſpieſigten, nitró-
ſen, ſehr ſchöne rhomboidaliſche, oder rautenförmige, Cryſtallen zeigte.

18. Um ferner zu erfahren, ob die
Ocher des Bokleter Brunnens, und die von
dem

dem Cur und Badbrunnen in Kißingen; die schon der Farbe nach unterschieden sind, auch dem Gehalt nach sich unterschieden, habe ich die Kißinger Ocher auf eine ähnliche Weise im Feuer behandelt. Die Masse verlohr ein drittel ihres Gewichts, hatte fast gar keine Anstalt zu fliessen gemacht, und wurde schwärzlich. Noch warm wurde sie in heisses Wasser gethan, ungerühret, und filtriret. Das filtrirte roch sehr wenig, war sehr blasgelb an Farbe, tingirte eine hineingethane Medaille von feinen Silber fast gar nicht, effervescirte mit dem Salpetergeist, ohne Heftigkeit, die im Filtro zuruck gebliebene Masse war braunroth, und folgte, geglüet und ungeglüet, dem Magnet nur gar wenig.

19. Wenn derienige wenige Bodensatz, der in einer eine Zeit lang gestandenen ganzen Bokleter Flasche, nicht über 2. Gran, und dieses nicht in allen, ausmacht, mit reinem Wasser ausgespület wird, so entstehet eine zweyfache Art von gelblichten Sediment. Ein Theil fällt bald zu Boden. Wenn dieser getrocknet, und geglüet, wird, bekommt er eine dunkele Farbe, ist mehr von alcalisch erdigter Art, und wird vom Magnet fast gar nicht angezogen. Der andere Theil ist an Farbe höher, leichter, und flockigter Consistenz. Dieser getrocknet und

ge-

geglüet, brennt etwas im Tiegel, wird dunkel-
roth, und wird ganz, und geschwinder als
die ganze geglüete Ocher, vom Magnet angezogen.

Sowohl mit den angezeigten Wassern,
als deren Sedimenten, und Abgaben, so
wie ebenfalls mit andern Gesundbrunnen,
auch mehrern, denen untersuchten ähnlichen,
Materien, um Vergleichungen des sich ergebenden anzustellen, sind noch mehrere Versuche gemacht worden, die aber alle anzuführen
zu weitläuftig fallen möchte, zumahl das
erwehnte, zu den erforderlichen Resultaten,
itzt hinlänglich scheinet.

§. 8.

Erläuterung der angeführten Versuche.

Die Untersuchungen der Mischung und
Bestandtheile der Gesundbrunnen und Bäder, haben von je her mancherley Schiksa-
le gehabt, sie haben gewiß ihre Schwierig-
keit, und vielleicht sind wir noch nicht so
weit, daß uns nicht etwas übrig seyn sollte. Man begehet aber in der That einen
Fehler im Schliessen, wenn man glaubt,
ihre Wirkungen rühren blos, von den, auf
man-

mancherley Art, angeblich heraus gebrachten, und zum Theil nicht gehörig bekannten, und benannten, Theilen her. Es ist
allemal bey physicalischen und chymischen Arbeiten zu bedenken, daß, nach dem Unter-
schied der Bearbeitungen, sich so oft eine
Veränderung der Mischung ergebe. Sonach kann man nicht allemahl schliessen,
daß das, was man, zumahl bey der Anwendung vom starken Feuer, erhält, auch
wirklich auf die Art in den Wassern schon
vorhanden sey. Indessen können doch manche, zumahl ohne Zerstörung und Aende-
rung, unternommene, denn aber auch die,
zur Entdeckung der Theile, und ihrer Verhältnisse, angestellte, Versuche zeigen, was
man in den Wassern selbst für einfachere
Theile, aus denen die nachmals zusammen
gesetzten wieder bestehen, anzunehmen habe,
und was man von diesen, in Absicht auf
ihre Wirkung in den menschlichen Körper,
und in Absicht der verschiedenen Fähigkei-
ten, unter welchen der Körper diese Theile
annimmt, schliessen könne.

Nichts ist gewöhnlicher, als in den mineralischen Gesundwassern, einen besondern
kräftigen Brunnengeist, ferner salzichte, metallische, erdigte, schwefelhafte, und andere
Theile, anzunehmen. Nur die Bestimmung
die-

dieſer Theile, und ihre Proportion, muß
nach ieden Waſſers beſonderer Eigenſchaft
geſchehen, und das allgemeine, ieten Orts
beſonders, angenommen werden, ſo daß man
ſagen könne, was das nun eigentlich ſey,
was man iedesmahl trinkt, oder womit man
ſich badet. Die gewönlichten Wirkungen,
ſo man von den Geſundwaſſern erwartet,
ſollen darinnen beſtehen, daß überhaupt die
Maſſe des Bluts ihre gehörige Conſiſtenz
und Miſchung bekomme, und die Ab- und
Ausſonderungen der Säfte ſo von ſtatten
gehen, daß fremde und unnütze Materien
aus dem Körper, überhaupt, und beſonders
aus den leidenden Theilen, geſchaft, die zu
zu denen Functionen nöthigen aber erhalten, und zugleich den ſoliden Theilen ihre
gehörige Stärke und Wirkung verſchaft
werde, ſo mit eine gewiſſe Leichtigkeit und
Geſchicklichkeit, zu denen, einem geſunden
Menſchen zukommenden, Verrichtungen,
entſtehe. Zu Erhaltung dieſer Endzwecke
können nun die Beſtandtheile der Geſundbrunnen das ihrige, auf eine ſehr wirkſame
Weiſe, beytragen, wenn ſolche erwählt werden, die ſich für die Beſchaffenheit ieder
kränklichen Umſtände ſchicken, ſo, daß hier
mehr verdünnende, ausführende dorten mehr
erweichende, anderwärts mehrere ſtärkende,
Theile angewendet, oder iede dieſer Theile
nach

nach einander, so wie es die Umſtände erfordern, gebraucht werden.   Hieben iſt es
ſo nach ein groſſer Vortheil, wenn an einem Orte mehrere Brunnen vorliegen aus
welchen man die, iedesmahl ſchicklichen, Beſtandtheile hernehmen, oder einige auf die
andern folgen laſſen, ſo mit mehreren Indicationen zugleich, oder nach Befinden,
eine oder die andere am meiſten, erfüllen
kann.

Das einfache Waſſer vor ſich, verdünnet ſchon, und erweicht an ſeinem Orte,
und wenn es alcaliſche ſowohl, als Mittelſalze, enthält, ſo dringen dieſe mit dem
Waſſer leichter in zähe und mehr zuſammen hängende Materien, und ſelbſt in die
kleineren Gefäſſe, die ſie alsdenn mehr eröfnen. Wenn in dem Waſſer Salze von ver-
ſchiedener Art, und auch theils Erden, und
metalliſche Theile, aufgelöſet werden, oder
auch ſich von neuen verbinden, ſo entwi-
ckelt ſich die in den Zwiſchenräumchen der
Körper befindliche Luſt. Dieſe kann, ver-
möge ihrer Elaſticität, eine ausdehnende,
davon herrührende auflöſende, und zerthei-
lende, Wirkung äuſeren. Sind zugleich einige reitzende metalliſche auch theils entzündbare Theile in dem Waſſer aufgelöſet,
ſo erhält es dadurch eine Kraft, die Faſern

C   der

der soliden Theile, in eine gewisse Spannung, und Beweglichkeit, zu setzen, davon
ihre, zu den Functionen gehörige, Stärke ab-
hänget.

Dergleichen nützliche Bestandtheile sind
allerdings in den Kißinger und Bokleter
Wassern enthalten, und ich will ihre Verhältnisse in den verschiedenen Brunnen anzeigen. Nur finde ich nöthig, zuvor mich
über einige Sätze zu erklären, die bishero
noch nicht hinlänglich bestimmt, oder angenommen, gewesen zu seyn scheinen.

§. 9.

Vom sogenannten Brunnen-
geist, und Salze.

Der Geschmack und Geruch in diesen,
und andern ähnlichen, Brunnen, giebt, zumahl an den Quellen selbst, oder auch in
wohl conservirten Flaschen, ein gewisses feines Wesen zu erkennen, welches man um
so mehr flüchtig nennet, als das Wasser,
wenn es in offenen Gefässen, eine Zeit lang
in freyer Luft stehet, seinen erfrischenden
Geschmack verliehret, auch zuweilen einigen
Bodensatz macht. Ohne nun dermahlen
von dem so genannten Geist der Vegetabilien,

lien, oder wirksamen Theile der Körper überhaupt, von dem Spiritus Rector, von einem besondern Vaporoso, etwas zu gedenken,
so hält man den Brunnengeist, oder das
vormahls sogenannte Gas, dessen andere
Benennungen, von einen besondern Central,
Erd- oder Erzgeist, wir auch übergehen, in
denen neuern Zeiten insgemein für eine
flüchtige Vitriol oder Schwefelsäure,
welche von den, in unterirrdischen Erd-
und Steinlagern befindlichen, Kiesen, durch
die auflösende Kraft des über solche strei-
chenden Wassers, und seiner Salze, losge-
macht würde, und welche auch, in den
Schächten und Stollen, das, oder ein
Theil davon, sey, so man Schwaben, oder
unterirrdischen Dunst, nennet. Ich will auch
nicht leugnen, daß nicht in verschiedenen
Gesundbrunnen sich eine solche vitriolische
Säure befinde, welche man unter andern
damit beweisen kann, wenn solche sich mit
alcalischen Erden, und Salzen, im Wasser
verbindet, und ein drittes Salzwesen, welches aus eben dieser Säure, und dem alcalischen Salz entstehet, hervorbringet, dergleichen das so genannte gute natürliche
Wunder- oder Glaubersalz ist, welches
man auch in verschiedenen Gesundbrunnen,
und oft häufig, antrift. Dieses hat man

C 2 denn

denn auch in vielen andern Brunnen, wenigstens ein Salz, das diesem ähnlich wäre, und zugleich, annehmen wollen, daß
eben die Vitriolsäure, in verschiedenen so
genannten Stahlbrunnen, das Eisen auflöse, und mit dem Wasser mische. Und man
kann dieses, an seinem Orte, auch allerdings annehmen. Mehrere angestellte Versuche und Erfahrungen haben mich aber überzeu-
get, daß man nur gar zu oft eher, wenigstens zugleich in beträchtlicher Menge, die
Meer- oder Kochsalzsäure, in vielen Gesundbrunnen anzunehmen habe, da ohnehin die
Salpetersäure nicht so leicht in den eigentlichen Gesundbrunnen anzutreffen ist, ob
man wohl in einigen Wassern, dennoch etwas wahren, und brennbaren, Salpeter finden kann, wie ich anderwerts auch angezei-
get habe.

Es war eine Zeit, wo man vielen Gesundbrunnen, wegen des säuerlichen Ge-
schmacks derselben, den Namen der Sauer-
brunnen gäb, welches man zum Theil
auch noch iezt thut. Nachher glaubte man,
daß, da die Wasser, und ihre Sedimente,
mit der Säure effervescirten, solche vielmehr ein Alcali führten. Man kann aber
in beyden der Sache zu viel thun. Nicht
alles Aufbrausen sezt eine Vermischung blos
einer

einer Säure, und eines Alcali allein, zum
Grunde. Und iedes von diesen kann in einem Wasser, und sehr verdünnten Auflösung, eine Zeit lang noch etwas frey seyn,
und sein Daseyn verrathen, obgleich nachmahls seine Verbindung zu einem dritten
Wesen, verschiedentlich, entstehen kann.

Unter den drey bekannten mineralischen
Säuren, ist die Kochsalzsäure die flüchtig-
ste, da solche, unter andern, durch die schwerere
Vitriol und Sapetersäure, von der Mischung,
wo sie sich befindet, kann getrennet werden,
auch, wenn sie frey wird, ihre Flüchtigkeit
zeiget, und sich gar sehr verbreitet. Es ist
auch fast zu glauben, daß eben das Kochsalz, dieses grosse Geschenk des Schöpfers,
dieses Salz, welches der Mischung unserer
Säfte, in seiner Art, am gemässesten ist,
beynahe das häufigste Salz auf unserer Erde sey, da die unermeßlichen Meere solches
enthalten, von welchen sehr zu vermuthen,
daß das Meerwasser in unterirrdischen, und
uns nicht hinlänglich bekannten, Canälen, wiederum zu Tage ausbreche, und die vielen
Salzquellen bezeugen es: so wie man
auch annehmen könnte, daß vielleicht auch
die grössesten Gebürge, und Lagen, von
Steinsalz, von, zu ihren Zeiten, dahin ge-
führten Meersalz, davon sich das Wasser

theilt

theils verlaufen, entstanden. Das Kochsalz
selbst, ein Mittelsalz, so aus der ihm eigenen Säure, und einem mineralischem alcalischen Salz, bestehet, ist nun, in Rucksicht auf seine Grundmischung, wiederum im Stande,
sich mit andern erdigten, metallischen, und
entzündbaren Sachen zu verbinden, auch sich
wieder trennen zu lassen. So wissen wir,
daß solches allerdings, und besonders dessen
Säure, das Eisen und andere Metalle an-
greift: daß das Kochsalz zu Salmiak werde, wenn mit ihm ein entzündbares Wesen,
in gehöriger Masse, verbunden wird. Die
gewöhnliche Figur des Kochsalzes, in cry-
stallischer Form, ist cubisch oder würflicht,
auch pyramidalisch, und dadurch schon un-
terscheidet es sich von andern Salzen, davon iede Arten, besonders die Mittelsalze,
wenn sie sich aus ihrer Auflösung in Crystallen begeben, ihre bestimmte Figur haben. Diese cubische Figur des Speisesalzes,
kann aber geändert werden, und die Flä-
chen und Winkel, bekommen andere Rich-
tungen, wenn eine andere Mischung in dem
Kochsalze, durch erdigte, entzündbare, und
andere Materien, sich ergiebet. So nach
kann da die Kochsalzsäure oft vorwalten, wo
man sie nicht vermuthet: und das crepiti-
ren, oder knastern, des Kochsalzes, wenn es
auf Kohlen geworfen wird, ist nicht das
ein-

einzige Kennzeichen, welches eine Kochſalzſäure verräth. Beſonders aber iſt es die Eigenſchaft blos der Kochſalzſäure, daß ſolche, in Geſellſchaft der Salpeterſäure,
allein geſchickt iſt, das Gold aufzulöſen,
und das ſo genannte Königswaſſer zu machen.

Es iſt ferner ſehr gewöhnlich, daß, ſo
bald man bey einem Waſſer einen Geſchmack
wahrnimmt, der der Dinte nahe kommt,
man ſo fort auf einen darinnen enthaltenen
Vitriol ſchlieſſet, der aus Eiſen, oder Ku-
pfer, oder Zink, durch die von der Vitriolſäure geſchehene Auflöſung, eines oder des
andern dieſer Metalle, entſtanden ſey, und
man beziehet ſich auf die Erfahrung, daß
eben ſolches Waſſer, auf geſtoſſene Galläpfel, oder andere herbe Vegetabilien, gegoſ-
ſen, eine ſchwarze Farbe hervorbringe, welches bey Verfertigung der Dinte, eben aus
dem Vitriol und Galläpfeln, geſchiehet.

Man kann aber leicht zeigen, daß die-
ſeßtere Erfahrung, nicht das gehörige beweiſe. Denn man darf nur gefeiltes Eiſen,
in etwas Kochſalzgeiſt, oder Kochſalzſäure,
auflöſen, die Auflöſung mit Waſſer verdünnen, ſolche auf geſtoſſene Galläpfel gieſſen,
ſo bekommt man ebenfalls, anfangs eine Purpur

C 4 Far-

Farbe, die immer dunkler, und alsdenn auch
eine schwarze Dinte wird, und eine solche,
auch sehr verdünnte, Auflösung von Eisen,
die man nur uneigentlich vitriolisch nennen
würde, bekommt doch, nachdem man weniger oder mehr Auflösungsmittel angewandt,
oder solche mehr oder weniger verdünnet
hat, einen, verschiedenen eisenhaltigen Gesundbrunnen, und Stahlwassern, gar ähnlichen, Geschmack. Und so verhält sich auch
die mehr oder minder violette, braune und
schwarze Farbe, aus der Vermischung der
Solution mit Galläpfeln.

Sodann muß ich aufrichtig gestehen,
daß ich in verschiedenen, in ihrem guten und
verdienten Ruf stehenden, Gesundbrunnen,
das Kochsalz unter verschiedener Mischung,
und Figur, somit auch dessen Säure, angetroffen, wo man, statt solcher, nur die
Vitriol, oder die mit ihr übereinkommende
Schwefelsäure, angenommen. Man thut
den Gesundwassern keinen grossen Tort, noch
zerstört man ihre Bestandtheile, wenigstens
erfähret man, was für Principia die sich
ergebenden Theile zusammen setzen, wenn man
sie in gläsernen Geschirren, in ganz mäßiger Wärme, verrauchen lässet. So habe ich
die Pyrmonter, Schwalbacher, Spa,
und Selzer Wasser behandelt. Das nach
der

der Verdünstung des Wassers erhaltene Pulver, oder Ueberbleibsel, habe ich in destillirtem
Wasser wieder aufgelöset, einen Tropfen
davon, mit der gehörigen Behutsamkeit, und
nach einigen vorher gefallenen Theilen, auf
einem reinen Gläsgen wieder sanft verdun-
sten lassen, und, unter den andern, auch
wahre viereckte Crystalle, durch Hülfe des
Microscops, darin gesehen. Von dem aus
der Auflösung erhaltenen unzerstörten Salze,
der erwehnten und auch selbst des, sonsten
ein wahres Glaubersalz mit enthaltenden
Egrischen, Wassers, habe ich etwas, und
von letztern das Salz, so nach der Crystallisation des Glaubersalzes übrig geblieben, zu
gefällten Scheidewasser, und in solches gefeiltes Ducaten Gold gethan, worauf, nach einiger Präcipitation von einigen andern salzigten, und erdigten Theilen, so fort ein
Königswasser entstanden, welches das Gold
aufgelöset, welche Auflösung, nach der, der
Goldsolution gewöhnlichen, Art, auf der
Haut die schönste Purpurfarbe hervorge-
bracht Dieses darf man aber von der eigentlichen Vitriol und Schwefelsäure nicht
erwarten, und es erhellet so nach, in
den eben angezeigten Wassern, wider die
sonsten angenommene Meynung, auch das
wirkliche Daseyn, der Meer- oder Kochsalzsäure, die sowohl in den würflichten,

C 5 als

als ſpießigten, Salzcryſtallen ſtecket: Und
ſo mit auch, in Rückſicht auf dieſes Daſeyn
einer Kochſalzſäure, die Uebereinkunft ver-
ſchiedener guten Geſundbrunnen, unter einander, in einem gewiſſen Grundſtof.

Aber auch in den Geſundbrunnenſal-
zen, nimmt man insgemein nur eine Vitriol, und Schwefelſäure an, die, mit alcaliſchen Salzen, und Erden, das, dem Glau-
berſalze ähnliche, Mittelſalz ausmachen ſoll.
Dieſes findet bey einigen allerdings ſtatt.
Allein aus dem angeführten erhellet, daß,
da der Brunnengeiſt ſich auch da befindet,
wo kein Eiſen, oder Schwefel iſt, ſolcher
auch von der Kochſalzſäure herrühren könne,
daß ferner auch dieſe Kochſalzſäure eigene
Mittelſalze, in den Geſundbrunnen hervorbringe, und das, was man Natrum oder
ein Bitterſalz nennet, auch aus dem Kochſalzgeiſt entſtehen könne, wenn ſolcher ſich
mit einer kalchhaften Erde, auch theils
entzündbaren, und flüchtigen, Materien, verbindet. Nach dieſer verſchiedenen Miſchung
erſcheinet, bey der Cryſtalliſation, dieſes
Salz nicht blos in ſeiner würflichten, ſondern mehr in einer, theils länglichten, auch
geſchoben viereckten, oder ſchmalen rhomboi-
daliſchen, auch viereckten, mit abgerundeten
Ecken, theils ſchmalen und ſpießigten, äſti-
gen, Geſtalt. Die Würfel aber und Pyra-
mi-

miden, die sich nach der Art ihrer Mischung, auch nach ihren Grundlinien, zerstreuen, verbreiten, und wieder sammlen können, erscheinen alsdenn, wenn der Salzgeist
mit dem eigentlichen mineralischen, alcalischen, Salze sich verbindet. Somit ist diese, in den angezeigten berühmten Gesundbrunnen so wohl, als in den hier beschriebenen,
befindliche, vor dem noch nicht hinlänglich
bestimmte, Art eines Natrum, von andern Mittelsalzen, und dem Glaubersalze,
und um so mehr, unterschieden, als das
eigentliche ächte Glaubersalz, sowohl das
natürliche aus den Gesundbrunnenwassern,
als das durch die Kunst bereitete, nicht weniger ein aus der Vitriolsäure, und einer
alcalischen Erde entstandenes terrestrisches
Mittelsalz, wenn solches zu dem Salpetergeist gethan wird, kein Königswasser macht,
sondern das Gold unaufgelöset liegen lässet.
Auf die letzt käme es noch darauf an, ob
das, was man auch ein fixes Salmiak
nennet, gerade völlig das sey, was ein aus
dem Kochsalzgeist und einer besondern
Kalcherde entstandenes Natrum vorstellet,
in welchem Fall man leicht in den Worten
übereinkommen würde. Glaubers geheimer
Salmiak bestehet aber aus einem flüchtigen
Alcali und der Vitriolsäure, welcher also
nur da anzunehmen ist, wo diese Theile
                                        wirk

wirklich zugegen sind. Wenn aber auch diese, oder andere ähnliche, Theile, bey einigen
Salzmischungen etwan eingesprenget sind,
so pfleget man dennoch das iedesmahl vor-
liegende, nach dem was am meisten, und
deutlichsten, sich ergiebt, zu benennen.

Man wird aber wohl nicht Ursache haben, über das Daseyn des Kochsalzes, und
somit auch dessen Säure, in verschiedenen,
und den angeführten, Gesundbrunnen, sich
zu wundern, da auch in der Nachbarschaft
solcher Brunnen wirkliche Salzquellen, somit einige Vermuthungen der Gemeinschaft
der Quellen und Canäle, sind, deren Salz
zum Theil in besondern Salinen zu gute
gemacht wird. Ist doch in verschiedenen
Gesundbrunnen das blosse würflichte Kochsalz nur gar zu sehr ersichtlich, wie in den
Bädern zu Achen, und Wißbaden. Wo
die Kochsalz Würfel aber auch nicht so
deutlich vorliegen, kann man dennoch, ausser den angezeigten Versuchen, und Erfahrungen, auf eine andere Art den Meersalz-
gehalt entdecken. Nicht mit Recht, darf
man ein Sediment eines Gesundbrunnens
ganz für alcalisch halten, wenn von solchen,
und den aufgegossenen Säuren, eine Effervescenz oder Aufbrausen, entstehet. Man
darf nur auf die Sedimente verschiedener
Brun-

Brunnen, oder das aus ihnen ausgelaugete
Salz, Vitriolöl gießen, so verbreitet sich,
mit einem Brausen, sichtbar ein sehr feiner
und durchdringender Dunst, der von dem
Dunst der Vitriol- und Salpetersäure sehr
unterschieden, und demienigen gleich ist, der
von dem Aufgießen des Vitriolöls auf ge-
wöhnliches Kochsalz, zum Theil auch auf
ein Salmiak, entstehet, und der, auch schon
dem specifiquen Geruch nach, denen schon
bekannt ist, die iemahls ähnliche Arbeiten
unternommen haben.

Aus diesem Meer- oder Kochsalzgeist
kann nun schon unter der Erden, mit einem daselbst angetroffenen mineralischen alcalischen Salz, ein wirkliches Kochsalz ge-
bildet seyn, oder der unter der Erde, durch
eine Vitriol- oder Schwefelsäure, frey gemachte Salzgeist, kann in das, in den unterirrdischen Canälen, über verschiedene Lagen
strömende, Wasser, übergegangen seyn, noch
andere Auflösungen bewirkt haben, und sich
in dem Brunnen selbst, in seiner oft starken Flüchtigkeit, noch äussern, und den erfrischenden Geschmack zum Theil mit hervorbringen; bald aber kann sich solcher mit den
übrigen in den Wassern befindlichen Theilen
verbunden, und zum Theil in neues Kochsalz, theils ein besonderes Natrum, und
auch

auch eine Art eines Salmiaks, hervorge-
bracht haben; so wie hingegen, bey längerer
Zeit, andere Theile sich wieder aus der Mischung begeben können.

Es ist der Kochsalzsäure eigen, daß,
wenn sie mit erdigten oder metallischen Theilen verbunden wird, solche leicht in der Luft
wieder feucht werden, welches man sonst allein von alcalischen Salzen geglaubet. Das
beschriebene Natrum, oder Bittersalz, hat
vorzüglich diese Eigenschaft.

§. 10.

Von dem Eisen, den erdig-
ten, und entzündbaren Theilen.

Nicht alle mineralische Wasser sind Gesundbrunnen, noch weniger diejenigen, welche aufgelösete besondere metallische Theile
führen, von welchen man keine Vortheile,
in Absicht der Erhaltung und Herstellung
der Gesundheit, erwarten kann. Nicht alle
Gesundbrunnen enthalten auch Eisen Theile,
wenn sich aber diese in dem Wasser finden,
so glaubt man, daß sie eben dadurch auch
Gesundwasser werden. Kein Metall wird
wohl häufiger angetroffen, als das, überhaupt so nüzliche Eisen. Keines ist auch so
leicht

leicht auflößlich, da es schon in freyer Luft
roſtet. Man trift es ſo gar in den Ge-
wächſen, und in den Blut und Säften,
der Thiere und Menſchen, an, und man iſt
zum Theil ſo weit gegangen, daß man die
rothe Farbe des Bluts, und ſeine Geneigt-
heit zur Wärme, davon hergeleitet. Seine
entzündbaren, und die eigentlich metalliſchen,
Theile, werden wohl ohne Widerſpruch ſeyn.
Nur von der Art ſeiner Erde iſt es noch
nicht völlig ausgemacht, ob ſie thonigt, oder
kalchartig, ſey. So viel aber kann man
annehmen, daß, da das Eiſen ohnehin, als
eine Arzeney betrachtet, mit ſeiner unaufge-
löſeten Maſſe, innerlich nicht wirken kann,
von ſolchen, wenn es aufgelöſet wird, ſeine
entzündbare Theile ſich auch zu erkennen geben, ſomit, wenn die Maſſe des Bluts an
ſolchen arm iſt, dieſe damit erſetzet werden
könne, und, nach der Art der Auflöſung,
auch eine gewiſſe Stärkung in den erſchlapp-
ten Faſern des Körpers erfolge, wovon, nach dem zu ſeiner rechten Zeit geſchehenen Gebrauch, ſich unter andern ſo
vortrefliche Wirkungen in cachektiſchen Körpern ergeben. Dieſes iſt die Urſache, der
Hochſchätzung eiſenhaltiger Geſundbrunnen.

Indeſſen iſt es doch beſonders, daß insgemein nur in der ſogenannten Ocher an
den

den Gesundbrunnen das Eisen sich am deutlichsten zeigen lässet, welche aber nur alsdenn, wenn sie geglüet, und das brennbare
mit der Erde verbunden wird, von dem
Magnet angezogen wird. Wenn aber das
entzündbare in der Eisenocher durch alcalische Salze, vermittelst des Feuers, aufgeschlossen, und ausgezogen wird, so entstehet eine Schwefel Leber. und die übrig bleibende, mit den Säuren effervescirende, Erde, wird nicht mehr vom Magnet angezogen. Doch entstehet auch solche Auflösung
des entzündbaren, in einer eisenartigen
Masse, leichter und schwerer, nachdem eben
solches entzündbare sich mehr oder weniger
mit der Erde, und der Säure, verbunden,
und eine mehrere oder mindere Eisenart angenommen, welches die 17. und 18. Erfahrung im 7. §. erläutert.

Wenn ferner die meisten Sedimente
der evaporirten eisenhaltigen Gesundbrunnen,
mit reinem Wasser ausgelauget, und von
ihrem Salz befreyet worden, so folgen sie,
vor und nach dem Glüen, vor sich, nicht
mehr dem Magnet. Es scheinet also, daß
in verschiedenen Gesundbrunnen, das, durch
eine oder die andere Säure, aufgelösete Eisen, zugleich sein entzündbares Wesen in
die Wasser übergehen lasse, welches in einer
Quan-

Quantität Wasser, als in einer verdünnten
Solution, freyer seyn, und die verlangten
guten Wirkungen mit hervorbringen könne;
bey längeren Aufenthalt aber, und wenn
die Säure mit dem alcalischen Salze, oder
auch kalchartigen Erde, die auch allenfalls kalchspatigt genannt werden könnte,
sich verbunden, sich die gefallene metallische
Erde, und das entzündbare, aber nur wiederum durch Hülfe des Feuers, in seine vo-
rige Mischung begebe, und Eisen darstelle;
dahingegen, wenn die Säure, und das
brennbare, die Erde verlassen, so lange die
ausgelaugte zurücke bleibende Erde kein ei-
gentliches Eisen sey.

Das entzündbare Wesen in den Gesundbrunnen kann auch, ausser dem, welches
von dem Eisen herrühret, in einer flüßigen
Gestalt erscheinen, und es zeiget sich in der
buntgefärbten Haut, über den gestandenen
Wassern. Ein bituminöses, oder erdharzig-
tes, oder Naphta ähnliches, Wesen, kann,
so wie das eigentliche schwefelichte, von alcalischer Erde und Salzen aufgeschlossen,
durch eine Säure aber wieder von ihnen
getrennet werden, und fällt alsdenn leicht
mit der Eisenerde zu Boden, aus der es,
wiederum durch das Feuer, zum Vorschein

D ge-

gebracht werden kann, da es denn die me-
metallische Erde, wie ein aufgelöseter Schwefel, schwärzet, zum Theil aber sich in dem
Halse einer gläsernen Retorte anleget.

Nach dem Maas, als nun diese, und
ähnliche, Veränderungen unter der Erde, und in den Wassern, von statten gehen,
können auch die Gesundbrunnen, ohngeach-
tet zuvor ähnlicher, ersten, Bestandtheile, verschiedene Eigenschaften erhalten, so daß
auch, wenn die Auflösungen und Mischun-
gen, ohnweit den Quellen in besondern unterirrdischen Gegenden entstehen, die Wasser
selbst heiß werden, und so genannte warme
Bäder abgeben; bey längern Lauf aber,
von entfernten Gegenden her, oder wo nicht
alle Bestimmungen, zu Entstehung einer
Wärme, da sind, die Wasser, auch im kalten, eine besondere Mischung annehmen können, nach der sie weniger oder mehr, noch
einen flüchtigen Geist, und bey den Auflösungen sich entwickelnde Luft, und ferner
akalische Mittelsalze, aufgelösetes Eisen, und
ein entzündbares Wesen, enthalten können.

Selbst die Salze können auch, in einer gewissen Mischung mit dem entzündbaren,

ren, verändert werden, und einige flüchtige Eigenschaft erhalten. Und so ist es nicht widersprechend, daß auch eine Art des Salmiaks in den Wassern sich ergeben könne, wenn ein aufgelösetes Kochsalz sich genauer mit einem brennbaren bituminösen Wesen verbindet.

Dieses Phlogiston lässet sich auch wahrnehmen, wenn man die Wasser in gläsernen Geschirren destilliret. Diese Operation ist zwar nicht geschickt, den so genannten flüchtigen, säuerlichen Geist der Wasser besonders zu fangen, und zu zeigen, da derselbe sich ohnehin leicht mit den andern in den Wassern befindlichen kalchartigen Erden, und Salzen, verbindet, und seine Säure und flüchtige Eigenschaft ableget, und man daher Anfangs ein blosses, unschmackhaftes Wasser erhält. Aber doch zeiget das, bey etwas verstärkten Feuer, übergehende brenzlichte Wasser, daß in dasselbige einige brennbare Theile, die auch bey gewissen Kalcherden selbst nicht ganz fehlen, mit über gegangen seyn.

§. II.

§. II.

Verhältniſſe der Beſtandtheile
der Kißinger und Bofleter Waſſer.

Es würde mir ſehr angenehm ſeyn,
wenn ich im Stande geweſen wäre, mich
in dieſem kurzen Vortrage ſo faßlich zu erklären, daß daraus die Beſtandtheile der
Geſundbrunnen überhaupt, beſonders aber
derer, die unſer ietziger Gegenſtand ſind,
einigermaſſen begreiflich würden, ſo viel zu
gegenwärtigem Endzweck, und ohne gar zu viele
chymiſche Erkenntniß, Erfahrungen, und deren Beweiſe, die iedoch in den erzählten
Verſuchen liegen, vorauszuſetzen, oder mehrere, zu Vermeidung der Weitläuftigkeit,
beyzubringen.

Man kann mit gutem Grunde annehmen, daß in allen Waſſern der Kißinger
und Bofleter Geſundbrunnen, ſowohl reich-
lich an der Quelle, als noch guten Theils
in wohl conſervirten Flaſchen, zuförderſt der
ſo genannte Mineral- oder Brunnengeiſt,
befindlich ſey, der hier ſowohl das flüchtige einer Meerſalzſäure, und zum Theil im
Bofleter Waſſer, mit, einiger Schwefelſäure, ein entzündbares Weſen, denn aber
vie-

viele, bey den Auflösungen, und Wirkungen der sämtlichen Bestandtheile in einander, sich entwickelnde, Luft, enthält.

Sodenn sind die aufgelöseten Salze
theils noch alcalischer Art, theils verbinden sie sich nachmahls mit dem Salzgeist,
und werden sowohl zu einem Natro, oder
Bittersalz, als auch zu einem fixen Kochsalz, denn auch, wie im Bokleter, mit zu
einem Salz, von einiger ammoniakalischen
Spur, wozu hier das eingemischte entzündbare Wesen Gelegenheit giebt.

Das in dem Salzgeist aufgelösete Eisen findet sich vorzüglich in den Bad- und
Curbrunnen zu Kißingen, in reichem Maaf-
se, denn aber findet sich das Eisen auch in
dem Bokleter Wasser, in dessen Mischung
das entzündbare Wesen mit übergehet, und
ihm eine besondere penetrirende Wirkung
mittheilet: so, daß man auch leicht übereinkommen könnte, wenn man sagen wollte,
daß aus der Säure, dem brennbaren, und
der Erde, das Eisen, nachmahls im Feuer
wieder dargestellet würde.

Die zur Zeit im Wasser, als vorher
aufgelöset, befindlichen erdigten Theile, sind
auffer denen, die vom Eisen besonders her-
D 3   rüh-

rühren, nachdem solches zum Theil aufgelöset worden, grösten theils von einem feinen kalchartigen, oder alcalischen, Gehalt,
besonders in dem Kißinger ordinairen Trinkbrunnen, und dem Bokleter Wasser.

Man kann also wohl sagen, diese angezeigten Theile trinkt man in dem Wasser,
und mit diesen badet man sich, da aus deren einfachen Substanzen, nachmahls auch
bey dem Gebrauch, die angezeigten Verbin-
dungen entstehen.

Soll man aber die Verhältnisse der vor-
gefundenen soliden Bestandtheile angeben,
so liefert, nach unsern Versuchen,

**1. Das Kißinger ordinaire Trink-
waffer,**

aus einem Pfunde bey 46. Gran Salz,
und bey 18. Gran Erde. Bey dem
Salzgehalt, kann man wiederum 24. Gran
Meer- oder Kochsalz, 12. Gran Natrum,
und etwan 10. Gran alcalisches Salz, annehmen. Die Erde ist gröstentheils alcalisch, und vom Eisen frey. Somit darf
man wohl dieses Wasser vorzüglich dem
Selzer, und Dönnsteiner, beygesellen, solches sowohl an der Quelle trinken, als auch,

in

in wohl bouchirten Krügen und Flaschen,
zum Gebrauch kommen lassen. Zumahl dieses Wasser, an ganzen Gehalt, reicher, als
das Selzer, ist, indem ich aus einem Pfunde Selzer Wasser nur 36. bis 38. Gran
Sediments, bey nahe von ähnlichen Bestandtheilen, erhalten.

2. Der neue, oder Curbrunnen,

giebt von den, aus einem Pfunde erhaltenen, 80. Granen Sediments bey 60. Gran
Salz aus, von welchem bey 40. Gran Kochsalz, 14. Gran, meist in kleinen rautenför-
migen Crystallen erscheinendes, Natrum, und
6. Gran alcalisches Salz, angenommen werden können. Die übrigen 20. Gran Erde,
oder Ocher, sind theils schon mehr eisenhal-
tig, theils meistens alcalisch.

3. Der Badbrunnen,

ist von diesem, in Absicht der Mischung seiner
Theile, nicht besonders unterschieden, ausser daß
die Quantität des Gehalts um einige Gran
höher angenommen werden darf. Bey dem erhaltenen Salze möchte sich etwas weniges
ammoniakalisches auch mit annehmen las=
sen. Die feine alcalische Erde zeiget sich
vorzüglich, bey der Evaporation, in der oben-
schwimmenden weissen Haut, oder Cremor,

D 4   die

die auch etwas blätterich und glänzend iſt,
die man daher auch für mehr ſelenitiſch halten könnte, wenn ſie nicht in dem Salpetergeiſt, und andern mineraliſchen, auch theils
vegetabiliſchen, Säuren, mit einer Efferveſcenz, ſo wie die Erde, die nach der Aus-
laugung der Salze, von den durch die
Evaporation erhaltenen Sedimenten, übrig
geblieben, ſelbſt, faſt ganz, auflöſen lieſſe.
Wenn auch das gar ſehr wenige, und eben
in keinen Anſchlag kommende, ſo nicht ganz
aufgelöſet wird, für Selenit zu halten wäre, ſo würde doch in Abſicht auf die Wirkung
in den menſchlichen Körper, dieſer gerade der
kräftigſte Theil nicht ſeyn. Unter einem Quentgen ganzen Sediments der angezeigten Brunnen, möchten wohl 8. bis 10. Grad Eiſentheile
ſeyn. Etwas weniger oder mehr in der
Calculation der Theile aller dieſer Waſſer,
wird iedoch, wenn es auch ſtatt finden ſoll-
te, die Hauptſache nicht ſehr alteriren.

4. Der Bokleter Brunnen,

unterſcheidet ſich von den Kißinger Waſſern zwar
in der mindern Quantität des, durch die Evaporation erhaltenen, Sediments, indem ein
Pfund Waſſer, nicht viel über 20. Gran Bodenſatzes zurück läſſet, davon ſich 11. Gran
Salz auflöſen laſſen, 9. Gran gelblichte, zum
Theil

Theil alcalifche, auch eifenartige, Erde aber
zuruck bleiben. Das Salz hingegen enthält
mehr von dem angezeigten Natrum, und
weniger Kochfalz, ingleichen etwas alcali-
fches, ia man kann fagen, daß einiges Mit-
telfalz, von ammoniakalifcher Art, fich mit
eingemifchet, deffen Entſtehungsart nicht fo
fchwer zu begreifen feyn möchte, da in der,
von dem ausgelaugten Sediment zuruck
bleibenden, Erde, fich etwas verbrennliches
zeiget, und bey der Calcination der, ohnehin eifenhaltigen, Ocher mit Weinſteinſalz
eine Schwefel Leber entſtehet, welche nicht
auf die Art von bloffen, fchon mehr verei-
nigten, Eifentheilen fich ergiebet. Sollte
auch diefes entzündbare für keinen wirklichen,
aus eifenhaltigen Schwefelkiefen, herrührenden, freyen Schwefel gehalten werden wollen, fo wird es wenigſtens etwas entzündbares und bituminöfes feyn, deffen Gegenwart die Deſtillation gezeiget hat. Vielleicht iſt die Vermuthung nicht ungegrün-
det, daß diefes bituminöfe Wefen von einer, einige Stunden, entfernten Gegend
her, dem Waffer beytrete, da man fowohl
ohnweit B.ch.ffsheim, ein, von einem bi-
tuminöfen oder erdharzigten Wefen durchzo-
genes, und zu einer Art Steinkohlen ge-
wordenes, Holz, oder vielmehr eine Art
Holzkohlen, als auch dergleichen, und Py-

D 5   ri

riten, in den fordern Rhönbergen antrift. Die geringer scheinende Quantität des Sediments wird sonach durch die, in dem Wasser selbst verbreiteten, wirksamen, Theile ersetzt, da viel flüchtiger Geist, wenn er auch nicht gar zu viel Eisen aufgelöset hat, solche feine Auflösung einer Menge Wasser mittheilet: und selbst von verschiedenen, in grossen, und guten, Ruf stehenden Gesundbrunnen, habe ich nicht mehr, und theils weniger, Sediment, als von dem Bokleter Wasser, erhalten, wie ich denn unter andern, von einem Pfunde Pyrmonter Wasser gerade auch 20. Gran, von einem Pfunde Schwalbacher Wasser 19. bis 20. Gran, von einem Pfunde Spa Wasser aber nur 10. bis 12. Gran, Sediment bekommen. Ich würde zwar, unter den angezeigten firen Bestandtheilen der Kißinger und Bokleter Wasser, auch noch einiges eingesprengten eigentlichen Glaubersalzes, welches aus der Vitriol, oder der ihm ähnlichen Schwefel-Säure, und einem mineralischen alcalischen Salz, bestehet, gedenken, davon sich in demselben, und besonders dem Bokleter, einige Spur zeigte. Es ist aber diese so beschaffen, daß sie zu sehr mit den übrigen Salzen gemischt ist, und, wegen ihres mindern Verhältnisses, nicht wohl als der vorzüglichste Bestandtheil in Anschlag gebracht wer-

werden kann, ob solche schon die Kräfte der
andern Salze vermehret, über deren Grundmischung, Entstehung des besondern Natrum, und auch dessen Wirksamkeit, ich
mich oben weiter erkläret habe.

§. 12.

Wirkungen der Kißinger und Bokleter Wasser, in den menschlichen Körper überhaupt, und besonders bey dem Trinken.

Alle Arzeneymittel haben gewisse vor-
zügliche, von der Mischung, und Auflöß-
lichkeit ihrer Theile, herrührende Kräfte, eine, unter gehöriger Anwendung, heilsame
Veränderung in dem menschlichen Körper,
und dessen flüßigen sowohl als festen Theilen, hervorzubringen. Ihre Wirkung setzt
aber auch eine gewisse Annahme des Körpers, und dessen darauf folgende Reaction,
wodurch die Kräfte der Arzeneymittel bestimmt werden, und alsdenn ihre Wirkung
äusern, zum Grunde. Diese Wirkung rich-
tet sich also nach der Beschaffenheit des Körpers selbst, die allerdings verschieden seyn
kann.

kann. Wenn wir ſonach die angezeigten Beſtandtheile der Kißinger und Bokleter Waſſer in Erwegung ziehen, ſo haben ſolche in Abſicht der von denſelben, obſchon nicht iedesmahl von ieder einzelnen Subſtanz beſonders, doch von ihrer Miſchung, herrührenden Wirkung, theils einiges unter einander gemein; theils aber hat iedes, nach dem Verhältniß ſeiner Beſtandtheile, auch ſein eigenes, welches zu der Miſchung, und nachmahligen Wirkung, das ſeinige beyträgt. Dahin gehöret einmahl die bloſſe Flüßigkeit des Waſſers überhaupt, deſſen verdünnende Wirkung aber zu bekannt iſt, als daß man ſolche Urſache hätte zu beweiſen. Indeſſen iſt doch das Waſſer allein nicht im Stande, iede Theile zu verdünnen, da es vor ſich nicht die fetten, öligten, und auch zähen ſchleimigten Theile, auflöſet, es ſey denn, daß eine gehörige Bewegung, oder ein gehöriges Auflöſungsmittel, dieſe Wirkung erleichtere. Ein leichtes Waſſer hat hingegen ſchon eine mehrere Kraft, durch das Anhängen an andere Theile, in die Zwiſchenräume des Körpers zu dringen.

Der bey unſern Waſſern ferner aber anzunehmenden Leichtigkeit, ſcheinen nun zwar die in denſelben befindlichen, vom Waſ fer unterſchiedenen, Theile zu widerſprechen, indem ein flüßiger Körper auch ſpecifiſch ſchwerer iſt, ie mehr ſolcher zugleich fremde Theile enthält. Allein da dieſe Waſſer, und am meiſten ſowohl das Kißinger ordinaire Trinkwaſſer, als auch das Bokleter, viele Luft enthalten, die ſich, bey mäßiger Wärme, in gröſſere Bläsgen ſammlet, welche auch das vorhero tiefer geſtandene hydroſtatiſche Inſtrument immer höher heben, ſo verſchaft dieſe Entwicklung der Luft, dem Waſſer auch eine gewiſſe Leichtigkeit, wenigſtens kann die mit dem Waſſer in den Körper gebrachte Luft, ſowohl im Magen, und dem Canal der Gedärme, als ſelbſt im Blut, eine Elaſticität äuſern, nach welcher ein Druck auf die Seiten der faſerigten Theile, Canäle und Gefäſſe, ſo mit deren Ausdehnung, Gegenwirkung, und vermehrte Eröfnung, auch mehrere Bewegung der Säfte ſelbſt, erfolget.

Dieſe penetrirende Eigenſchaft kann aber durch den flüchtigen, oben mehr beſtimmten, Brunnengeiſt, noch mehr befördert werden, welcher zugleich, indem er mit getrunken wird, die weich feſten Theile reihet, und ſtärket, ſomit ihre Action vermehret, den Creißlauf lebhafter, die Faſern pral⸗

prålligter, und die Abſonderung der Säfte
leichter, macht. Von dieſer, von zuſammengeſetzten Kräften herrührenden, Wirkung, rühret nun zwar, im Anfang des Gebrauchs, und bey ungewohnten, eine Art
der Empfindung her, nach welcher man
aufgebláhet, und etwas ſchwindlicht wird,
oder eine Art eines Rauſches zu h.ben ſcheinet. Allein bey einem fortgeſetzten Gebrauch, wird
man dieſer Empfindung gewohnter, und es
vergehet das vorher etwas unangenehm ge-
ſchienene. Vielmehr merket man nachhero
eine mehrere Leichtigkeit zu den gewohnten
Handlungen.

Beſonders aber theilen die Brunnen-
ſalze, ob ſie gleich auch durch ihre Figur
mehr ihren Gehalt, als die Art der Wirkung, zu erkennen geben, nach der hingegen
von der Miſchung ihrer Theile abhangenden
Wirkſamkeit, dem Waſſer eine eröfnende,
auflöſende und reinigende Kraft mit, nach
welcher die hin und wieder ſtockende und
zähen Säfte, und alte verlegene, widerna-
türlich angehäufte, und in zähen Säften
verwickelte, Salze, durch dieſe friſchen Salze, und neuerliche Anregungen, in ihrem,
vorher unnützen, zu ſtarken Zuſammenhan-
ge getrennet, und beweglicher gemacht, werden,

den, somit kann ein freyer Umlauf des
Bluts und der Säfte, ihre gehörige Absonderung, und Aussonderung durch die gehörigen Werkzeuge, und somit, bey dem
gehörigen Gebrauch, auch eher eine Verhinde-
rung, als Beförderung, des Scorbuts, erfolgen. Eine grössere Menge Salze, wir-
ket, bey ihrer mehrern und unmittelbaren
Berührung, schneller im Magen, und in
den Gedärmen: somit pfleget das Kißinger
ordinaire Wasser, noch mehr aber der neue
oder Curbrunnen, in, bald zu bestimmender,
Maasse und Ordnung getrunken, theils die
gröbern Materien aufzulösen, und zu abstergiren, theils durch eine neue Empfindung
in den Gedärmen eine Congestion der Säfte dahin, und darauf somit erfolgende Eröfnung des Leibes zuwege zu bringen.
Da hingegen auf das Bokleter Wasser nur
alsdenn, und bey fortgesetzten Gebrauch,
auch solche Eröfnung erfolget, wenn die
Schwäche und Schlappheit des Magens
und der Gedärme, an deren langsamen Wirkung, und Unthätigkeit, Schuld ist, welche
relachirte Theile durch dasselbe, und den von
seinen feinen, sowohl salzigten, als aufgelöseten schwefelhaften, wenigstens entzündbaren, Theilen, herrührenden Reiz, in eine vermehrte Stärke, und neue Wirkung,
gesetzt worden.

Die-

Dieſer Reiz rühret auch vorzüglich von dem in den Cur und Badbrunnen, auch im Bokleter Waſſer, aufgelöſeten Eiſentheilen her, welche, durch eine vermehrte Spannung, eine gewiſſe zitternde Bewegung, in den Faſern und Gfäſſen, verurſachen, ſomit die Kraft, ſo man Tonum nennt, erhalten, und wo dieſelbe geſchwächt iſt, wieder herſtellen, und werkthätig machen.

Die erdigten, im Waſſer aufgelöſeten, alcaliſchen Theile, verhalten ſich beynahe wie die alcaliſchen Salze ſelbſt, welche die widernatürliche Säure, vorzüglich im Magen und dem Canal der Gedärme, verändern, und dieſe dämpfen, auch mit ſolcher Säure ſelbſt, in ſo ferne ſie noch einigermaſſen frey, und noch nicht im Waſſer ſelbſt zu Mittelſalz geworden ſind, noch im Körper eine Art eines ſolchen reſolvirenden Mittelſalzes wiederum ausmachen. Aus der Zuſammenhaltung der Proportion der Beſtandtheile anderer Geſundbrunnen mit den hieſigen, ſonderlich derer in Kißingen, die ſich, in Abſicht auf dieſe Quantität, ſo ſehr auszeichnen, läſſet ſich auch auf ihre Wirkſamkeit ſchlieſſen. Nicht als ob allemahl aus einer Menge auf die Wirkung allein

lein zu schliessen sey. Aber man darf auch
nicht allemahl einen grossen Vorzug darin
suchen, wenn gewisse Dinge, die man für
wirksam hält, dennoch auch in gar zu weniger Anzahl da sind, und, unter dem Schein
des feinen, sich sollen dennoch zu sehr er-
heben lassen. Es kann auch ein beträchtlicher Vorrath von Materialien machen, daß
man von einem gewissen Reichthum nicht
vortheilhaft spricht, weil man ihn nicht hat.
Oft pflegt man auch, wenn man Dinge gebraucht, die keine so sehr in die Sinne fal-
lende Wirkung hervorbringen, sich über solche zu beklagen, und unzufrieden zu seyn,
daß sie nichts thun. Andere wollen denn
gar zu scrupulös bey solchen seyn, von denen
sie die Quantität des wirkenden Stofs deutlich wahrnehmen. Man verlieret sich aber
nicht, und entfernt sich vom wahren nicht,
wenn man sich nicht von der Natur, und
ihren, iedes Orts wohl angewendeten, Gese-
tzen, entfernt, und wie leicht, und wie gut,
ist es, discret zu seyn!

§. 13.

Wirkungen bey dem Baden.

Für den Nutzen des Badens überhaupt, redet schon die Gewohnheit in den
älte-

E

ältesten Zeiten, und in den meisten, ia so
gar kalten, ländern, da man fand, daß,
ausser der Reinigkeit und Sauberkeit der
Oberfläche des Körpers, eine Geschmeidigkeit der Glieder, eine gewisse leichtigkeit
und Geschicklichkeit zu den gewohnten Handlungen, dadurch erhalten, und somit auch
äusserlichen Krankheiten abhelfliche Maasse
gegeben würde. Und in der That, nicht
ohne Nachtheil der Gesundheit geschiehet es,
wenn man ietzt die, vor dem so sehr ge-
bräuchlichen, Badstuben eingehen lässet. Das
den Körper umgebende Wasser überhaupt,
vermehret den Druck auf die Haut, und es
muß daher eine vermehrte Bewegung in
den Blutgefässen entstehen, welche zu einer
Resolution des Bluts und der Säfte Gelegenheit giebt. Wenn man nun in einem
Bade sich selbst bewegt, oder sich frottiren
und reiben lässet, so kann theils eine Erweichung und Biegsamkeit der zu sehr ange-
spannten und steifen Fasern, theils eine Beförderung der Zertheilung, der sowohl unter der Haut, als in den innern Theilen,
stockenden Säfte, und nachmahls eine vermehrte Ausdünstung, sich ergeben. Und
was das warme Wasser durch seine erweichende, und theils ausdehnende, Kraft zu
thun im Stande ist, kann auch gewisser-
maß-

maſſen durch das kalte Waſſer bewirket
werden, wenn theils die Bewegung und
das Reiben hinzu kommt, theils wenn die,
mit Vorſicht angeordnete, Kälte, zu einem
gewiſſen Druck, und heilſamen Erſchütterung,
und nachmahls auch einer egalen Spannung der ſoliden Theile, Gelegenheit giebt.
Hat das Waſſer aber, auſſer ſeiner Flüßigkeit, noch eine beſondere Miſchung von in
ihm aufgelöſeten Theilen, ſo kann eine oder
andere Wirkung dadurch ungleich mehr er-
leichtert werden.

Wir übergehen hier die oft von den
Aerzten, nach gewiſſen Abſichten, eingerich-
tete Fus, und ganze, Hausbäder, die ſie
mit Seifen, Milch, Kleyen, Eiſenſchlacken,
abgeſottenen Kräutern, und auch Theilen
von Thieren, bereiten laſſen, und bleiben
nur bey den Bädern von mineraliſchen Gehalt ſtehen.

Dieſe können nun, wie die Beſtandtheile der Trinkbrunnen, auch ſelbſt unter-
ſchieden ſeyn, da man Bäder hat, wo blos
ein leichtes und einbringendes Waſſer wir-
ket, andere, wo die aufgelöſeten Salze,

Schwe-

Schwefel, erdigte, und Eisentheile, und iede in ihrer Maaße, und nach den vorlie-
genden Umständen der Personen selbst, die
selche gebrauchen, wirken.

In den Kißinger Wassern, werden es
vorzüglich die eben angezeigte Salze, denn
auch die Eisentheile, seyn, davon, ausser
dem Wasser selbst, deren gute Wirkung bey
dem Baden erfolgen kann. Dem Brunnengeist wird man zwar hier so viel nicht zu-
schreiben wollen, da es scheinet, solcher
dürfte bey der Erwärmung des Wassers
zum Theil verlohren gehen. Man wird
aber doch auch nicht vergessen dürfen, daß
die in den warmen Wassern entwickelte Luft
noch sehr wirksam sey, und der säuerliche
Brunnengeist, sich auch grossen Theils mit
dem alcalischen Salz verbinde, und Mittelsalze, von auflösender und reinigender Art,
zusammen setze. Sonach wird im Baden
sowohl eine Reinigung der Haut, eine Geschmeidigkeit der Gelenke, ein vermehrter
Umlauf des Blutes, sonderlich in dem er-
wärmten, und frottirten, Unterleibe, und die
leichtere Absonderung der Säfte aus dem
Blute, eine Linderung der Schmerzen in zu
sehr gespannten Fasern, nicht weniger, son-
der-

berlich von dem im warmen Waſſer ſich
abſondernden Cremor, und der eiſenartigen
Ocher, die man auch beſonders aus dem
Abfall des Brunnens, wo ſie ſich anſetzt,
ſammlen laſſen und die geſchwächten Theile,
damit bähen kann, eine Stärkung der relachir-
ten Theile, auch eine Reinigung äuſerlicher Ge-
ſchwüre, erhalten werden können. Vortheile!
welche, unter gehöriger Vorſicht, den durch
das Baden allerdings zu erhaltenden Nutzen, ſchätzbar machen. Noch zur Zeit ſind
zwar hölzerne und geräumige, und mit De-
ckeln verſehene, Wannen in Kiſſingen eingeführet, in denen man ſich, mit vorher in
gehörigen Grad der Wärme geſetzten Ge-
ſundbrunnenwaſſer, ieder in ſeiner Woh-
nung, und aptirten Zimmer, und unter guter Aufwartung derſelben kundiger Perſonen, badet. Es wird aber, in einem neuen
eigenen Badhauſe, ſowohl zu Anlegung beſonderer Baßins, und Waſſerleitungen,
als auch zu Einrichtung zu Tropfbädern,
oder der Touche, und Embrocation, auch
Dampfbädern, und auch zur Bequemlichkeit des im Bade nöthigen frottirens,
nicht weniger zu Bädern für die Armen,
der Bedacht genommen.

E 3　　　　§. 14.

§. 14.

Krankheiten, in welchen die Kißinger und Bokleter Waſſer zu gebrauchen.

Die Benennungen der Krankheiten, ſind oft ſehr veränderlich, nachdem man theils auf dasjenige ſiehet, was man, in Abſicht der veränderten Functionen, oder Symptomatum, empfindet, oder was in die Augen fällt, oder nachdem man auf die materielle Urſache ſiehet, welche die verän-derte Function hervorbringt, oder auf die Art, das Schema, die Zeit, in welcher ſolche von ſtatten gehen. Man kann aber, wenn man alles dieſes, und die gehörigen Kennzeichen, auch individuellen Unterſcheide der Perſonen ſelbſt, zuſammen nimmt, leicht einig werden, den Krankheiten ihren Na-men zu geben, ſo, daß man gleichwohl in Betrachtung ziehet, daß auch ähnliche Um-ſtände, von entgegen geſetzten Urſachen ent-ſtehen können.

Wir können uns hier nicht, in eine weitere pathologiſche Erörterung einlaſſen, wol-

wollen aber doch nur die gewöhnlichen Benennungen der Krankheiten anführen, bey
welchen, nachdem man unter solchen den
ganzen Inbegriff der Ursachen und Zufälle
verstehet, von unsern Wassern, in der bald
zu gedenkenden Ordnung, ein beträchtlicher
Vortheil erwartet werden kann.

Krankheiten, welche von kurzer Dauer,
und von Gefahr, sind, und die man insgemein hitzige nennet, scheinen nicht diejenigen zu seyn, die auf die Wirkung dieser
Wasser warten können, obgleich, bey den
sich oft ereignenden Folgen davon, diese
Wasser auch, ihrer Zeit, heilsam sind. Indessen kann doch auch selbst in einer Art
hitziger Fieber, das Kißinger ordinaire
Trinkwasser seinen guten Nutzen haben. Ich
verstehe die Gallen = Magen = und Darm-
fieber, wo man, statt einer ehehin verkehr-
ten Methode, mit hitzigen und den Schweiß
befördernden Arzneyen, mehr nöthig hat,
auszuführen, und zu abstergiren, welches
durch die Bestandtheile dieses Wassers sehr
wohl mit bewirket, und solches daher wohl
antiphlogistisch, werden kann.

Um

Um so mehr kann dieses Wasser in kalten Fiebern, in den Zwischenzeiten, oder so genannten guten Tagen, vortheilhaft seyn, da man in diesen Krankheiten, zumahl im Anfang, nöthig hat, zu digeriren, und den Leib zu eröfnen, welches letztere durch den neuen oder Curbrunnen vorzüglich geschiehet.

In schleichenden, nur nicht gänzlich hektischen Fiebern, die sowohl von gehabten, und nicht gehörig abgelaufenen, andern Fiebern, entstanden, oder die eine nahe bevorstehende Verletzung eines oder andern Eingeweides, verschiedener nicht von statten gehenden Excretionen, langsame Entkräftungen, von vorher gereizten Nerven, zum Grunde haben, können diese Wasser, in ihrer Maasse und Ordnung, ganz angemessene Mittel seyn.

Bey der langen Reihe zahlreicher chronischer oder langwieriger Krankheiten, kann man überhaupt annehmen, daß unsere Wasser in solchen heilsam sind, wo es die gehörige Methode erfordert, zähe Säfte aufzulösen, auszuführen, die Wege zu eröf-

eröfnen, und die soliden Theile, nach geschehener Erweichung, oder erhaltener Geschmeidigkeit, wieder zu stärken. Somit können solche, sowohl bey dem Trinken, als Baden, in der Dickblütigkeit, Ueberfluß vom Fett, Schleim, und gallichten Feuchtigkeiten, ungesunder Corpulenz, und Fettigkeit, Wallungen des Bluts, verhaltenen Blutflüssen, Gicht und Gliederreissen, Lähmungen, Contracturen, von der Gicht, und von Wunden, Zittern der Glieder, in der Krätze, und deren Arten, Cachexie, Bleichsucht, eingewurzelten Catarrhen, Augenkrankheiten, Entkräftungen verschiedener Art, und auch der, so vom Mißbrauche der Lust, und nächtlichen Phantasien, herrühren, auch anfangender Abzehrung, und Steinbeschwerungen, ingleichen äuserlichen Geschwüren, vom guten Nutzen seyn.

Besonders weiß man in unsern Tagen nur gar zu wohl, wie sehr der Kopf und Brust leiden, wenn sich im Magen und Gedärmen, und in den mit ihnen verbundenen Eingeweiden des Unterleibes der Grund solcher Krankheiten findet. Hieher gehöret die Unverdaulichkeit, Magen-

E 5

drü-

drücken, Mangel des Appetits, zäher
Schleim, Magenhusten, Blähungen,
davon herrührende Engbrüstigkeit, Wür-
mer, Hartleibigkeit, Verstopfungen,
Magen und andere Krämpfungen, An-
häufungen und Stocken einer so genannten
atrabilarischen, oder melancholischen, Materie, Sodbrennen, Coliken, Verhinde-
rungen des freyen Umlaufs des Blutes in
den Eingeweiden des Unterleibes, Darr-
sucht, und so genannte Englische Krank-
heit der Kinder, hämorrhoidalische, nicht
gehörig von statten gehende, Umstände,
Krankheiten der Mutter, Verhaltung,
oder beschwerlicher Abgang des ordinairen,
Bleichsucht, und manche Ursachen der
Unfruchtbarkeit: überhaupt aber alles,
was man unter den viel bedeutenden, und
seines Orts zu bestimmenden, Namen der
Hypochondrie, bey beyden Geschlechtern,
verstehet, welche oft so weit gehet, daß die
Kranken keine gesunde Stunde haben, und
ihres Lebens nicht froh werden. Durch die
Wirkung dieser Wasser, nach den davon im
12. §. angegebenen Gründen, und Erläute-
rungen, kann den erzählten Umständen abhelfliche Maaße gegeben, der Kopf aufge-
räumet, und das Gemüth ermuntert, werden. So wie überhaupt sich seit vielen Jah-

ren, und auch nach dem Zeugniß von Personen, die selbst seit dreyßig Jahren jährlich, mit Vortheil an diese Brunnen reisen,
eine Menge Fälle ergeben haben, wo in den
erzählten Krankheiten diese Wasser von der
gewünschten Wirkung gewesen sind.

Diejenigen Brustbeschwerungen erfordern nur einige Behutsamkeit, wenn sich
Kennzeichen ergeben, daß Knoten, und Ver-
härtungen in der Lunge befindlich sind, oder
wirklich die Lunge verletzet, und Geschwüre
in derselben eine Schwindsucht zu wege gebracht haben. Zwar kann auch da das
Kißinger ordinaire Wasser, mit Milch, wirksam seyn, die andern Brunnen aber, dürf-
ten wegen der übrigen Salz- und Eisentheile
die verletzten Theile zu sehr reitzen, und alte
Schäden zu sehr anregen. Hingegen bey
bloßer Verschleimung der Brust, und davon herrührenden, zum Theil auch hypo-
chondrischen, asthmatischen Beschwerun-
gen, und Herzklopfen, werden eben die benannten Bestandtheile des Wassers zur Eröfnung, Auswurf des Schleims, Beruhigung der Wallungen, und freyer Respi-
ration, Gelegenheit geben. Und man hat
Bey-

Beyspiele, daß dem Ansehen nach ganz abs
gezehrte Personen, nach Gebrauch dieser
Wasser, von neuen angefangen, zu leben.

§. 15.

Maasregeln und Ordnung
beym Trinken und Baden.

A. Je mehr man Vortheile, zu glei=
cher Zeit, für seine Gesundheit erhalten
kann, um so mehr wird man sich an einen
Ort bemühen müssen, wo sich alles zu die=
sem Endzweck vereiniget. Gesundbrunnen
werden daher mit mehrern Vortheil an der
Quelle selbst getrunken. Schon die Reise
dahin, die damit verknüpfte Bewegung, der
Genuß einer andern, als der bisher ge=
wohnten, Luft, der Anblick neuer und ver=
änderter Gegenstände, macht manche Perso=
nen schon wie neu gebohren. Der folgende
ungezwungene Umgang mit Personen, die
sich zu einerley Endzweck versammlen, und
einander in fröhlicher Gesellschaft aufmun=
tern, die Entschlagung auf einige Zeit, und
Erholung, von ermüdenden Arbeiten des Kör=
pers, und Gemüths, von Gram und Sor=
gen, das Vergnügen, auf einige Zeit sich
selbst

ſelbſt leben zu koͤnnen, die Entfernung von
uͤbler Laune, oder Humor, die heilſamen
und unveraͤnderten Beſtandtheile der Waſſer, und deren Genuß, beym Trinken, und
Baden, eine, zu Erhaltung des davon zu
erwartenden Nußens, noͤthige, taͤgliche Bewegung, eine gute, und der Cur ſowohl, als
iedes eigenen Umſtaͤnden, angemeſſene Diaͤt,
ſind lauter Vortheile, die man an dem Ort
der Geſundbrunnen ſelbſt erhalten kann.
Und dieſe werden vermehret, wenn an einem
ſolchen Orte mehr als ein Brunnen, und
dieſe von verſchiedenen Gehalt, ſind, um
nach den Umſtaͤnden ſich eines oder des andern, oder eines nach dem andern, bedienen zu
koͤnnen. Alle dieſe Vortheile, koͤnnen bey
den Quellen, davon wir reden, erhalten werden.

B. Sehr oft reiſen aber Perſonen an
die Brunnen und Baͤder, mehr um ſich zu
amuſiren, und Veraͤnderungen zu machen,
als ſie wirklich Cur maͤßig zu gebrauchen.
Wenn dieſe Veraͤnderung die Erhaltung
der Geſundheit zum Endzweck hat, ſo kann
auch der Arzt, dieſe Recreation, und ein
ſolches in gehoͤriger Art anzuwendendes
Mittel, gar wohl billigen, und es gerne ſe-
hen,

hen, wenn dadurch andern Curgästen, zu einer angemessenen Fröhlichkeit Gelegenheit gegeben wird, die ihnen eben nöthig ist. Nur ist
das einzige dabey zu merken, daß, im Fall
man auch dabey einige von den Wassern
anwenden wollte, man nicht allen Gebrauch
derselben für ganz gleichgültig halte, oder
glaube, bey wirklichen Uebelbefinden, mit einer Post-Cur, könne man auch gutes stiften,
da sehr oft manche Wasser etwas anregen, welches dadurch nicht vortheilhaft wird. Doch
hat auch ein kurzer Gebrauch des Kißinger
ordinairen Wassers am wenigsten ein Bedenken.

C. Eben dieses ist, auch in Absicht
auf die oft zu kurz anberaumte Zeit, die
Wasser curmäßig zu gebrauchen, zu
beobachten. Oft trinkt man, um eher fer-
tig zu werden, Ströme von Wasser, und
will täglich purgiren, täglich baden: da
man doch überlegen sollte, daß oft, und
sanft, auffallende Tropfen, leichter einen
Stein aushölen, als überhin rauschende, oder
auch gar fortreissende, Regengüsse. Nicht
jedermann kann sich zwar längere Zeit von
dem Ort seines Aufenthalts, oder von seinen Geschäften, entfernen, und eine hin-
läng-

längliche Zeit zu Besorgung seiner Gesundheit aussetzen, aber man kann doch auch
die an der Quelle angefangene Cur zu Hause fortsetzen, wenn man noch Wasser mit-
nimmt, und zu Hause auch die bisherige
Diät noch eine Zeit lang fortsetzet. Man
darf daher an den Quellen sich nicht gar
zu grossen Zwang anthun, ob man gleich
auch nicht versäumen darf, die Absicht zu
bewirken, warum man da ist. Mehrere
Vortheile sind denn auch zu erhalten, wenn
man in den folgenden Jahren wenn es nöthig, die Cur wiederholet.

D. Es scheinet beynahe nicht wohl
möglich zu seyn, für alle und iede Curgäste einerley Maasregeln zu entwerfen, unter
welchen sie sich der Wasser bedienen sollen.
Die Temperamente, besondere Einrichtung
des Körpers, die Verschiedenheit der Krankheiten, der Zufälle, des Geschlechts, der gewohnten Lebensart, erfordern iedesmahl ieden Umständen angemessene Regeln: und ich
habe mit Vergnügen am Brunnen gesehen,
daß man in der Curzeit heilsame Regeln
befolge. Wenn aber gleichwohl das vorzüglichste davon hier beygebracht werden
muß, so darf nur zuförderst in Betrachtung.

tung gezogen werden, daß der Kißinger ordinaire Trinkbrunnen mehr auflöse, ver-
dünne, und erfriſche, der Cur und Bade
Brunnen mehr abführe, und der Bokleter Brunnen, bey ſeiner auch auflöſenden
Eigenſchaft, mehr ſtärke. Sonach wird
ſich einigermaſſen die Anwendung dieſer
Waſſer, auf die Perſonen, nachdem ſie eine
oder andere Wirkung vorzüglich nöthig haben, und auch nachher, beſtimmen laſſen,
ob allenfalls bey dem Anfange der Cur eine Aderlaß nöthig ſeyn möchte, oder nicht.

E. Ohne eine Eröfnung des Leibes
aber, kann nicht wohl die Cur angefangen
werden, ob ſolche gleich nicht allemahl gerade heftig ſeyn, und man überhaupt nicht
glauben darf, daß eine tägliche zu vielmah-
lige Oefnung allein erſt eine gute Wirkung
nach ſich ziehe, da durch die Waſſer auch
andere Excretionen bewirket werden. Man
kann aber ohnbedenklich mit dem ordinairen
Kißinger Waſſer die Cur anfangen, ſolches
ein oder zwey Tage, zu 3. 4. bis 6. Gläſern zur Digeſtion und Präparation gebrauchen, alsdenn zu mehrerer Abführung des
Curbrunnens zu 6. 7. 8. auch nach Befinden mehreren, Gläſern, bis zur Erhaltung
der

der verlangten Wirkung, sich bedienen. Oder man kann eine Dosin des eröfnenden Friederichsſalzes, in warm gemachten Kißinger ordinairen Waſſer, auflöſen, ein par Gläſer davon nachtrinken, und davon die Abführung bey der Cur erhalten.

F. In den folgenden Tagen, kommt es nun auf die Erwegung der Umſtände an, ob man das ordinaire Kißinger, oder den Curbrunnen, oder das Bokleter Waſſer, mehr, und wie lange, fortſeßen, oder alle drey Waſſer nach einander, welches ſehr gut ſcheinet, trinken ſolle? ob, und wie iedes, ſowohl durch die Abführung, als durch den Urin, paßire? ob, und wie iedes dem Magen bekomme? wie oft, und wie lange, man baden ſolle? und ob man ſolchen allenfalls noch beſonders zu Hülfe kommen müſſe? So viel aber erhellet aus den ſtärkenden und befördernden Beſtandtheilen des Bokleter Waſſers, daß ſolches einmahl mit Nußen, nach den Kißinger Waſſern, eine Zeit lang, und ſowohl zum Beſchluß der Curen, als auch, nach vorher geſchehehenen Abführen, überhaupt curmäßig, allein, zu etlichen Wochen, und länger, zu trinken ſey; ſodann, daß es

F   auch

auch vortheilhaft ſey, an den Curtagen, nach getrunkenen Kißinger Waſſern, auch von dem Vokleter ein par Gläſer nachzu=trinken. Unter währenden Trinken über=haupt, kann man auch, mit Nußen, eine zuſammen geſchlagene Serviette auf die Gegend des Magens legen. Und wenn man gemächlich trinkt, iſt das kalte Waſ=ſer auch ohnbedenklich, ja bey einigen Perſonen nöthig. Beſonders zärtliche Per=ſonen aber dürfen das Waſſer aus den Quellen, oder auch das in Flaſchen im Kel=ler geſtandene, einigermaſſen in der Luft, oder auch durch etwas warmes Waſſer, in welches man den Krug oder Glas, nur ganz kurze Zeit, ſeßet, ein wenig, ohne das Waſſer matt zu machen, überſchlagen laſſen.

G. Den Anfang des Trinkens hat man nicht Urſache in die gar zu frühe Ta=ges Zeit zu ſeßen. Warum ſoll man um 4. 5. Uhr ſich aus der Transſpiration und Ruhe reiſſen, und in oft feuchter und küh=ler Luft, bey kaum geendigter Chyliſication, eine Menge Waſſer in den Leib zwingen, und hernach durch Fatiguen erſt ſolches wieder paßirend machen? Die Morgen=

stun=

stunde üm 6. 7. Uhr, hat auch noch Gold
im Munde, man kann da anfangen, und
um, oder bald nach, 9. Uhr schon, unter
gehöriger, doch nicht heftiger, oder bis
zum Schweiß fortgesetzter, zu Fuſſe, zu
Pferde, oder im Wagen, angestellter, Bewegung, und mit gemächlich auf einander folgenden Gläsern, abgetrunken haben. Alsdann kann man, wenn, den Umständen nach, auch die Baccur zugleich,
und nach, einige Zeit vorher, gebrauchter
innerlicher Waſſercur, auch gebraucht wird,
und wenn alsdenn die Waſſer meiſt paßirt
sind, ins Bad gehen, welches zwar alsdenn, wenn man den Tag nicht trinkt,
auch schon früher, aber auch wohl nachmittags, oder gegen Abend, nach geendigter Verdauung, und bey Verhütung nach-
mahliger Erkältung, geschehen kann. Nach
dem Abtrinken kann, erforderlichen Falls,
wohl etwas Bouillon, eine, doch nicht fette, so genannte eingebrannte Kümmelsup-
pe, etwas Chocolade mit Waſſer gemacht,
oder auch Caffe, der auch mit Bokleter
Waſſer gemacht werden kann, nicht aber
Thee, wenigſtens wenn ihn ia die Gewohnheit fordern sollte, solcher mit simplen Waſ-
ser, und nicht ohne frische Citronenschalen,
getrunken werden.

F 2   H. Die-

H. Dieses Frühstück muß aber nicht bis gegen Mittag dauren. Da die Waßer ohnehin Appetit machen, so fordert es schon der Magen, nicht zu spät, und somit um 12. höchstens gegen 1. Uhr zu essen. Am meisten ist aber auf die Abendmahlzeit der Bedacht zu nehmen, welche, wie überhaupt, so auch besonders beym Brunnentrinken, leicht seyn, um 7. oder gegen 8. Uhr anfangen, und durchaus nicht zu spät in die Nacht, währen soll, um eine angenehme Ruhe und guten Schlaf haben zu können, und nicht den folgenden Morgen, wegen der Indigestion, verdrießlich, beschwert und unaufgeräumet zu seyn.

I. Die Speisen selbst erfordern zwar keine so gar zu strenge Auswahl, aber auch keinen Ueberfluß, in der Maaße, und Eigenschaften. Man darf nur eine Zeit lang, diejenigen meiden, die schwer zu verdauen sind, obschon manches auch auf die Gewohnheit ankommt. Fette, gebackene, Mehlspeisen, zu weiche, schleimigte, Fische, zu hart geräucherte Sachen, Butter, Käse, Eyer, zumahl harte, und zu viel Milchwerk, sind eben keine Brunnenspeisen. Doch kann das Desert wohl in etwas rei-

reifen Obst, iedoch ohne darauf viel Waſſer zu trinken, und Anisbrod, oder dieſem ähnlichen Confect, allenfalls beſtehen.
Kümmerlige und Melonen erfordern die
gröſſeſte Behutſamkeit, doch iſt nicht aller
Salat als Gift zu verbieten, wenn bey
dem Oel und Eßig eine gehörige Miſchung
getroffen wird, und man thut ihm Unrecht, wenn man ſolchen, bey dem Brunnen, als ſo ſchädlich, betrachtet, da das
Backwerk, fett geſpickte Braten, ingleichen
aus Mandeln gefertigte Dinge, aus welchem man ſich weniger Bedenken macht,
in der That unverdaulicher ſind, als ein wenig
Salat.

K. Da die Einwohner in Kißingen,
darunter es alte Leute giebt, den ordinairen Trinkbrunnen, zu ihrem täglichen Gebrauch, zu ihrer Delice, und Leibwaſſer,
machen, ſo wie dieſes auch bey andern Geſundbrunnen geſchiehet, und die Benach-
barten, auch entfernten Landleute, ſich an
den Feyertägen ein Regal daraus machen,
den Brunnen an der Quelle zu trinken; ſo
hat auch deſſen Gebrauch bey Tiſche,
falls man nicht ein ſimples Waſſer alsdenn

lie-

lieber trinkt, eben kein Bedenken, da sowohl mit als ohne Wein, die Digeſtion
dadurch eher befördert, als gehindert wird,
und man ſonderlich, durch die Miſchung
dieſes Waſſers mit Wein, ein ſehr ange-
nehmes Getränk erhält, welches, zu ſeiner
Zeit, dem Champagner vorzuziehen, und
auch nachmittags gegen den Durſt kann
getrunken werden. Doch bey dem Abend-
eſſen möchte ich lieber das ſimple Waſſer
empfehlen, wovon keine beſondere Excretionen erwartet werden dürfen. Beſonders
möchte das Bokleter Waſſer des Abends
zu unterlaſſen ſeyn, da deſſen, ſo wie anderer ähnlichen Waſſer, Eiſentheile mehr
eine Bewegung, als Ruhe des Körpers,
erfordern, und die den Urin befördernde
Kraft des Mineralwaſſers, die nächtliche
Ruhe ſtöhren könnte. Wo aber ſchon eine Gewohnheit vorhanden, ſolches auch
Mittags unter den Wein zu trinken, da
kann es dabey ſein Bewenden haben. In
Abſicht des Biers ſcheinet nichts vorzu-
ſchreiben zu ſeyn, da gewöhnlicher Weiſe
ſolches in Kißingen nicht getrunken wird,
indem, wie gedacht, das ordinaire Trinkwaſſer deſſen Stelle vertritt, und man da-
ſelbſt die leichten und gut paßirenden Saal-
weine, ſo wie auch andere Franken, Stein,
Rhein,

Rhein, und fremde Weine, gut haben kann.
Doch kann man auch Bier daselbst haben,
und kömmt es, bey daran gewohnten, allenfalls auf ein Glas nicht an.

L. Die Nachmittagsstunden sind
bey den Brunnencuren, ausser der Abwartung der gehörigen, und etwan noch
ruckständigen, Wirkung der Wasser, insgemein, und nicht mit Unrecht, auch er-
laubten, und der Gesundheit vortheilhaf-
ten, Vergnügungen, bey denen, deren kränk-
liche und andere Umstände solche verstatten, gewidmet, wovon es nach eines ieden
Stande, Verfassung und Geschmack, zu
viele Arten giebt, als daß ich Ursach habe, davon einen langen Catalogum her zu
setzen. Auch hier kann man diese Vergnügungen geniessen. Es beschreibe sie aber —
ein schönerer Schriftsteller. Das Tableau
würde unter meiner Hand nicht gerathen.
Es gehöret eine eigene gute Laune dazu,
um Amusements zu beschreiben. — Ich
schränke mich darauf ein, daß ich dermahlen als Arzt zu schreiben habe. Und bey
allen ihren Bemühungen, die Menschen
gesund und vergnügt zu wissen, haben die-
F 4   se

se doch ihre ernsthaften Minen, und zuweilen ihr — Aber. — Es kommt also darauf an, daß bey allen Vergnügungen möglichst der Körper, in guter Bewegung, und
das Gemüth ohne beträchtliche Leidenschaf-
ten, wenigstens ohne unangenehme Wirkung derselben, sey: daß solche Spiele, wo-
bey man zu gezwungen sitzt, sich Vapeurs
sammlet, und mehr einsilbigte Worte redet. nicht zu lange dauren: daß die Bälle,
und Promenaden, nicht zu ermüdend, und
zu erhitzend seyn: daß die letztern Abends
nicht zu spät, und nicht im Thau, oder
zu kühler Luft, angestellet werden: daß
man sich, ohne eine beschwerliche Etiquette,
so amusire, daß die lange Weile, unter nützlichen, geselligen, und möglichst
vergnügenden, Unterhaltungen, oder auch
mäßiger Abwartung einiger Geschäfte, ver-
gehe.

M. Da ich im 13. §. mich über die
von dem Baden zu erhaltenden Vortheile, und auch kurz vorher über die dazu
schicklichste Zeit, erkläret, so wird nicht
nöthig seyn, solches zu wiederholen. Ich
will nur noch anführen, daß außer dem
ei-

eigentlichen Babbrunnen, auch das Kißinger ordinaire Waffer, gar wohl, zumahl
Anfangs, und für schwächliche Perſonen,
zum Baden zu gebrauchen ſey: daß man
anfangs ganz laulichte Bäder, und lieber
Bade Mäntel von weiſſen Flanell, als leinen, erwähle, aber auch nachmahls ſich
nicht zu ſehr darin erhitze, nicht ganz bis
an den Hals darinn ſitze, nicht im Bade
ſchlafe, oder leſe, ſondern ſich im Bade
ſelbſt, und auch nach demſelben, da man
den Mantel fallen läſſet, und ſich, in
ein leinen Tuch geſchlagen, ins Bett
legt, wohl frottiren, und den Unterleib,
und die leidenden Theile, wohl reiben laſſe: nicht ſo gleich nach dem
Baden, zumahl ben einigen, allenfalls
ſich ergebenen, und abzuwartenden, Aus-
ſchlage, in die freye Luft gehe, ſondern im
nahen Bett, ben einiger Erquickung, einige Transſpiration abwarte. Ich würde
hier auch von einem kalten Bade noch-
mahls reden, wenn ſolches bisher unter
uns hätte eingeführet werden wollen. Wenigſtens, wenn man es auch mit mineraliſchen Waſſern nicht thun wollte, ſo würden uns doch die alten Römer, und auch
morgenländiſche Völker, welche auch durch
kalte Bäder, in ihren oft koſtbaren Waſ-
ſer-

serleitungen sich etwas zu gute thaten, und
noch ießt, gemeine, iüngere und ältere,
Personen, die sich in Flüssen und Wassern
kalt baden, Beyspiele geben, wie vortheilhaft dieses, wenn es mit Vorsicht unternommen wird, zur Stärkung diene. Wer
also auch in Kißingen Lust und Geschicklichkeit hätte, sich, auf gut Englisch, kalt
zu baden, dem würde der so nahe Saalstrom, an einigen einsamen Orten, und
da, wo flache Ufer sind, gar gute Gelegenheit dazu geben können.

N. Da die Kißinger und Bokleter
Wasser schon diejenigen kräftigen Theile
enthalten, wodurch man, nach den gehörigen Indicationen, einen beträchtlichen
Vortheil für die Gesundheit erhalten kann,
so wird es eben nicht nöthig seyn, sich bey
dem Gebrauch der Wasser noch anderer
Arzeneyen zu bedienen. Nur in dem Fall
würden solche angewendet werden können,
wenn unvermuthete Zufälle, als starke
Durchfälle, Brechen, Coliken, Blutflüsse,
Kopf und Brustweh, Wallungen im Blut,
Nerven Umstände, Anregung alter Schäden, beschwerlicher Abgang des Urins, und getrunkenen Wassers, und dergleichen, sich etwa
er-

ergeben sollten, oder wo dem Magen, noch
besonders, durch einige Stärkung, zu Hülfe
gekommen werden müste. Dieses letztere
sucht man zwar beym Brunnentrinken,
auch durch den Genuß von Gewürzhaften,
und auch mit Zucker überzogenen, oder in
Morsellen gebrachten Dingen, als Kümmel,
Anis, Fenchel, Citronen und Pomeranzen=
schalen, Calmus, Angelikenwurzel, Nelken,
Zimmet, eingemachten Früchten, und d. g.
zu bewirken. Ich bin auch nicht gänzlich
dawider, und man kann, gegen die Vapeurs,
dergleichen auch wohl käuen: doch muß man
nur in der Menge nicht pecciren, um nicht,
vermittelst des Zuckers, eine ohnnöthige Jäh=
rung zuwege zu bringen. Die allenfalls aber
in den angeführten Umständen nöthigen Ar=
zeneyen, auch erforderlichen Falls, gute Magen=
und Visceralelixire, so etwa vor Tische zu
nehmen, sind nach eines ieden eigenen Um=
ständen zu erwägen, und anzuwenden, und
sind solche, auch nach der Verordnung der
ieberzeit an dem Brunnen gegenwärtigen
Medicorum. in der in Kißingen auch befind=
lichen Apotheke zu haben.

O. Was den Beschluß der Brunnen=
cur, an Ort und Stelle, betrift, so scheinet
es nicht rathsam zu seyn, auf einmahl abzu=
bre=

brechen, und aufzuhören; auch scheinet mir
nicht vortheilhaft zu seyn, daß alle und iede
nothwendig solchen Schluß mit einem aber-
mahligen Abführen, durch ein Salz, oder
durch den Curbrunnen, machen sollen, zumahl
wenn, nach vorhero, oder auch vor kommenden
Umständen nach, unter der Wassercur, hinlänglich geschehenen Abführen, die stärkende
Indication, zumahl durch das Bokleter Wasser, erst bewirket worden, welche dadurch nur
wieder gestöret würde. Es ist also, wenn
nicht besondere Ursachen noch eine Abführung
nöthig machen, wie oben gedacht, am besten,
nach und nach aufzuhören, und den Beschluß
der Cur mit kleinen Portionen Wassers, zumahl des Bokleter, und also einiger Nachcur,
die auch nach der Zuhausekunft noch zu nehmen, zu machen. Daß aber auch unter wäh-
render Brunnen und Badecur, zuweilen einige Tage auszusetzen, geben die zuweilen sich
einfindende besondern Excretionen, sonderlich
die periodischen Umstände, besonders bey dem
weiblichen Geschlecht, selbst an die Hand.
So wie auch Schwangere sich einer eigentlichen Trink- und Badecur zu enthalten haben, ob ihnen schon ein oder anderes Glas
Kißinger ordinaires Wasser, mit, oder ohne,
Wein, gar wohl zu erlauben.

P. Die-

P. Diese kleine Nachcur, am Ort,
und zu Hause, scheinet um so nöthiger zu
seyn, theils noch den Krenkheiten, dagegen
man die Cur gebrauchet hat, zumahl wenn
iedes Umstände nicht eine gar zu lange An-
wesenheit bey der Quelle verstattet, möglichst
vollends abhelfliche Maasse zu geben, theils
um die bishero geführte regelmäßige Diät,
zum Vortheil für die Gesundheit, noch etwas
fortzuführen, und sonach die oft nachkom-
mende Wirkung der Wasser zu erfahren.
Wie denn sonderlich dahin zu sehen, daß, da
man am Brunnen einigermassen von Geschäften abstrahiret hat, man sich nicht zu Hause
sogleich in dieselben wieder zu tief, und ängst-
lich, stecke, sondern das indessen aufgesammle-
te, mit einer neuen Fertigkeit, schicklich theile, und besorge, zumahl wenn man bedenkt,
daß, so wenig ein Weiser ein Hasser der Freu-
de seyn darf, es doch ein Vergnügen sey, zu
wissen, daß gute Geschäfte unser Beruf seyn.
Wenn man daher schon vorher einige Mäßi-
gung derselben, unter der Cur, nicht mit einer
ecklen Ruhe, und gänzlichen Unthätigkeit, ver-
wechselt hat, und bey einem zuweilen nöthigen
Abwarten der Gesundheit, nicht blos auf solche wartet, sondern nur die die Gesundheit,
mit einer Frölichkeit, bey guten Arbeiten, gebrauchet, so ist es sehr angenehm, nach, zu

Er.

Erhaltung dieser Endzwecke, auch gebrauchten Brunnen und Badecuren, und nach vorher geschehener Veranstaltung, zu erfahren,
daß, eben bey der Zuhausekunft, sich nicht unangenehme Gegenstände finden, oder daß man
durch solche sich nicht zu sehr bewegen lasse,
das durch die Cur gut gemachte, oder die er-
wartete gute Wirkung, zu hemmen.

Q. Aus dem angeführten wird nun
leicht abzunehmen seyn, wie sich Personen, deren Umstände ihnen nicht gestatten, an die
Quelle zu reisen, in Absicht einer, mit den
Wassern, die man sich kommen läßt, zu Hause, oder an einem dritten Ort, vorzunehmen-
den Cur, zu betragen haben, indem die ent-
worfenen Maasregeln auch hier anzuwenden
sind. Der diätetische Gebrauch des Kis-
singer ordinairen Trinkwassers, unter den
Wein, hat bey so vielen oben angezeigten
chronischen Unbequemlichkeiten, zumahl bey
zur Trockenheit geneigten Körpern, das we-
nigste Bedenken, und das curmäßige Trinken
desselben, nach Art des Selzerwassers, an seinem Ort, einen sichern Nutzen, zumahl wenn,
vor dem Anfang desselben; mit dem eröfnenden Friederichssalz abgeführet worden. Erfordern aber die Umstände, oder eine mehrere
Neigung, das Bokleter Wasser, zur Cur, so
wird

wird dennoch vor demselben, auch eine solche Abführung vortheilhaft seyn. Und es wird ferner auch wohlgethan seyn, wenn man etliche Tage zuerst, ieden Tag einen Krug, vom Kißinger ordinairen Wasser trinkt. Man kann alsdenn vortheilhafter sich des Bokleter Wassers bedienen, und anfangs zwey drittel einer Flasche, in den folgenden Tagen aber eine ganze Flasche, auf die oben angezeigte Weise, austrinken, und die Cur nach den Umständen, vierzehn Tage, drey, vier, Wochen, auch länger, fortsetzen. Man hat nicht nöthig, auch bey den versendeten und wohl conservirten Flaschen, das oberste, oder auch das letztere, als unnütz wegzugiessen. Das oberste in der Flasche, enthält allerdings seinen Geist, seine leichte und penetrirende Theile, die in Wassern aufgelöseten Salze begeben sich ohnehin insgemein mehr nach dem Boden des Gefässes, und es ist auch oben §. 9. gemeldet worden, daß selbst der in einigen Flaschen befindliche, obgleich wenige, Bodensatz, doch auch noch kräftige, theils alcalische, theils stärkende Eisentheile enthalte. Wenn es indessen iemand daran wenden kann, und will, zwey Flaschen, ieden Curtag, zu nehmen, so daß man, wenn das Wasser matt wird, solches weggiebt, und von der frischen Flasche die übrige Portion trinkt, so kann solches seinen guten Nutzen haben.

G   R. Ob

R. Ob nun schon die gewöhnlichste Zeit,
sich dieser, so wie anderer Gesundwasser, zu bedienen, in die Sommermonate fällt, so erhellet doch aus den, verschiedenen kränklichen
Umständen angemessenen, Bestandtheilen derselben, daß solche gar wohl zu ieder Jahres-
zeit, auch so gar im Winter, iedoch unter
gehöriger Aufsicht, und Anwendung eines
schicklichen Regime, zumahl in kleinen Do-
sen, und zuweilen auf einen, oder mehrere, Tage, könne gebraucht werden, und sind auch
sowohl das Kißinger, als Bokleter, Wasser, so
beschaffen, daß wenn die Flaschen und Krüge
wohl bouchirt sind, und man nachmahls solche im Keller, auf Holz gestellet, und sonach
wohl conserviret hat, sie sich Jahr und
Tag, und länger, halten, und zum Gebrauch
gut bleiben.   Oder man kann solche Krüge
und Flaschen auch bey kalten, iedoch hellen
und trockenen, Wetter, aus der Quelle selbst
frisch gefüllt bekommen.

S. Da ich bey der Anzeige der Ordnung
des Gebrauchs der Wasser bereits mit ange-
zeiget, was dabey verhütet werden müsse, so
überhebet mich dieses zwar einer weitläufti-
gern Bemerkung der Mißbräuche und Fehler, die bey den Brunnencuren zuweilen vor-
fallen.   Doch wird noch etwa anzuführen
seyn,

ſeyn, daß man niemahls gemeinet geweſen,
die Geſundwaſſer überhaupt, und auch dieſe,
für Univerſalarzneyen zu halten, die es auch
nicht giebt, oder zu glauben, daß in den
erzehlten Krankheiten, dieſe Waſſer allemahl
die einzigen, oder ſouverainen Mittel, ſeyn;
da es mit manchen Krankheiten ſchon zu weic
gekommen, auch zwiſchen dem gemeſſenen
Verhalten, und der verlangten Hülfe, ein
zu geringes Verhältniß ſeyn kann, als daß
man überhaupt noch ſichere Hülfe verſprechen
könne: und manche Krankheiten auch lange
erträglich geblieben ſeyn würden, wenn man
nicht ſolche mit Ungeſtüm angreifen, und
wenn man manches mit etwas mehr Gedult
hätte ertragen, wollen. Es bleibt aber allemahl noch ein groſſer Vorzug, daß, in noch
heilbaren Krankheiten, ſich von dieſen Waſſern, und deren Beſtandtheilen, wahre Vortheile mit Grunde hoffen laſſen, ſo wie dieſe
auch wirklich von ſo vielen Perſonen erhalten
worden. Man darf aber dieſe Vortheile um
ſo gewiſſer erwarten, wenn man, auch, hier, des
für gut gehaltenen nicht zu viel thut, nem-
lich, wenn man mit den häufigen, und zu
kalten, und zu geſchwind auf einander folgenden, Trinken, nicht auf den Magen, und den
Körper überhaupt, losſtürmet, die Trink-
und Badecur nicht zu ſehr übereilet, nicht

G 2   durch)

durch heftige Bewegung den Schweiß er-
zwinget, aber auch sich für aller Erkältung
hütet, und die Kleidung, und iedes Unter-
nehmen, nach der iedesmahligen Witterung,
einrichtet, den Magen nicht mit zu vielen,
und zu verschiedenen Speisen überladet, nicht
mehr Wein, am wenigsten die rothen, als
Wasser, oder auch zu viel warme Getränke,
trinkt, den Nachmittagsschlaf meidet, und
den, der eigentlich erquicket, zu gehöriger
Nachtzeit genießet, sonderlich aber sich bemühet, daß, indem die Wasser eine materielle
Ursache der Unzufriedenheit wegräumen, man
auch der darauf folgenden Beruhigung und
Zufriedenheit Raum gebe, über moralische
und körperliche Kleinigkeiten hinwegsehe, ein
im menschlichen Leben, bey sich selbst, und sonsten, oft wahrzunehmendes Leeres möglichst
gut ausfülle, oder es sich überlasse; nicht
aber durch einen Tumult der Gemüthsbe-
wegungen, verschiedener Art, oder wenigstens nicht durch ein starkes Schätzen oft
gleichgültiger Dinge, eine heilsame Wirkung der gebrauchten Wassercur vereitle.

§. 16.

§. 16.

Anzeige der vormahls von den Kißinger und Bokleter Wassern gegebenen Nachrichten, und Beschluß.

Wenn Gottfried Steeg, des Fürsten und Bischofs Julius, Leibarzt, in seiner von diesen Wassern bereits im Jahr 1593. herausgegebenen lateinischen Nachricht, geklaget, daß die, so vorhero solche beschrieben, mehr ihre Meynungen angegeben, als den wahren Gehalt der Wasser bewiesen, so müssen vermuthlich noch ältere Nachrichten vor diesen vorhanden gewesen seyn. Man hat aber zur Zeit keine ältere ausmachen können, als des vormaligen Grafen von Schwarzburg, Leibarztes, und Stadtarzts zu Arnstadt, Johann Wittichs, aphoristischen Extract, vom Jahr 1589.

Nach der Zeit hat D. Johann Michael Fehr, Physicus der Reichsstadt Schweinfurth, von der Wirkung und Gebrauch der Sauerbronnen, warmen und Wildbäder, insonderheit des Sauerbronnens zu Kißingen, im Jahr 1676. eine kleine Schrift drucken lassen.

Unter der Aufschrift: Hydrologia Franconiá, hat D. Johann Nicolaus Seiz, Physicus in Ochsenfurth, eine Beschreibung des Kißinger Sauerbronnens verfasset, so

G 3　　　　　　im

im Jahr 1700. in Würzburg heraus gekommen. So wie vorhero in den Jahren 1636.
und 1673. der vormalige Physikus zu
Neustadt an der Saal, Wolfgang Upi-
lius, und die Würzburgischen Professoren,
Johann Baptista, und Ferdinand, Upi-
lius, ingleichen Faber, und der Leibarzt
Johann Friederich Haak, zu Fulda, auch
einige Nachrichten verfasset.

Im Jahr 1727. hat der damahlige Physicus in Kißingen, Johann Adam Stephan,
von dem, von ihm so genannten, Christophs
Brunnen, oder dem, oben weiter bekannt gemachten, Gesundbrunnen zu Boklet, eine Beschreibung herausgegeben, und eine Nachricht,
von einigen durch diesen Brunnen geschehenen
Curen, angefüget.

Vom Jahr 1738. ist des vormaligen
Leibarzts und Professors zu Würzburg D.
Johann Barth. Adam Beringers Unter-
suchung der Kißinger Heil und Gesundbrun-
nen, auf welche des ohnlängst verstorbenen
Churpfälzischen Leibarzts, und Professors zu Hei-
delberg, vormaligen Leibarzts und Professors
Würzburg, Herrn D. Franz Joseph von
Oberkamp, wahrer Mineralgehalt, und da-
von abstammende Wirkkräften, der Kißinger
und Bokleter Heil-Trink-und Badbrunnen, im
Jahr 1745. und endlich des zeitigen Phys. Hrn.
D. J. Georg Joseph Jägers kurzgefaßte
Le-

Beſchreibung des wahren Befunds der ural-
ten bekannten, Heil- Trink- und Badbronnen,
nächſt dem Städtlein Kißingen an der Saale,
und deren hievon, von einigen Jahren her be-
ſchehenen merkwürdigen, und wunderſamen
Heilwirkungen, im Jahr 1765. gefolget.

Aus dieſen, zu verſchiedenen Zeiten herausgegebenen, Schriften erhellet theils, das
Alterthum des Gebrauchs dieſer Geſundwaſſer, theils die fortgeſetzte und gegründete Ach-
tung, in welcher ſolche bisher geſtanden. Ich
habe ſie dahero blos hiſtoriſch anführen wollen,
verbitte aber ietzo deren Beurtheilung.

Ich habe mich bemühet, die Natur ſelbſt
zu fragen, und die erhaltenen Antworten, ſo wie
ich ſie zur Zeit vernommen, wieder mitzuthei-
len, ohne ſolche in dunkle Redensarten einzu-
kleiden, oder auf Vorurtheile, die nur gar zu
gewöhnlich ſind, mich zu verlaſſen. Dieſes iſt
auch die Urſache, warum ich, und auch um
unnöthige Weitläuftigkeiten zu vermeiden, die
Namen und Meynungen, mehrerer verdienter
Aerzte und Chymiſten, und zum Theil claßi-
ſcher Schriftſteller, und Beſchreiber der Waſſer überhaupt, und beſonders der Geſundbrunnen, eines Bechers, Boyle, Hofmanns,
Stahls, Boerhavens, Henkels, Heiſters,
Scheuchzers, du Clos, Boulduc, Lemery,
Liſters, Neymanns, Seip, Linnäus, Wal-
lerius, Cartheuſers, Gesners, Marggraf,

le

le Roi, Springsfelds, Lucas, Trillers, und
anderer, älterer, und neuerer, anzuführen, Bedenken getragen, oder zu bemerken, wie nach
ihre, auf sich beruhende, Sätze, mit den
meinigen übereinkommen, oder wo ich ge-
nöthiget worden, von ihnen abzugehen. Daß
aber letzteres in manchen Stücken geschehen,
und einiges genauer bestimmt, oder rund her-
ausgesagt, werden müssen, hat die Natur der
Sache erfodert, und um so mehr, als es nur
gar zu oft geschiehet, daß Nachrichten von Gesundbrunnen und Bädern, nicht allezeit gehörig zuverläßig sind. Ich habe mich an
andern Orten, über das chymische sowohl, als
pathologische, auch therapeutische, was die Gesundbrunnen überhaupt betrift, schon vor dem
erkläret, und werde auch nicht ermangeln, wenn
in der Folge beträchtliche Beobachtungen, die
das bisher angeführte noch mehr erläutern, sich
ergeben sollten, solche seiner Zeit nachzubringen.
Dermahlen scheinet mir nichts mehr übrig
zu seyn, als der herzliche Wunsch, daß von den,
auf Begehren, beschriebenen Gesundwassern, unter dem Segen des Höchsten, die besten
Vortheile ferner erhalten werden mögen.